# LIBRO DE RECETAS DE BAGATELAS Y PARFAITS

## Descubre el arte de las bagatelas y los parfaits con 100 deliciosas recetas

Martin Caballero

Copyright Material © 2023

Reservados todos los derechos

Ninguna parte de este libro se puede usar o transmitir de ninguna forma o por ningún medio sin el debido consentimiento por escrito del editor y del propietario de los derechos de autor, a excepción de las breves citas utilizadas en una reseña. Este libro no debe considerarse un sustituto del asesoramiento médico, legal o profesional.

# TABLA DE CONTENIDO

**TABLA DE CONTENIDO** — 3
**INTRODUCCIÓN** — 7
**NIMIEDAD** — 8

1. Bagatela De Calabaza — 9
2. Mini bagatelas de tiramisú — 11
3. Trifle helado de frambuesa y melocotón — 14
4. Trifle de corteza de menta — 16
5. Bagatela de terciopelo rojo — 19
6. Bagatelas de huevo Cadbury — 22
7. Trifles individuales de limón y arándanos — 24
8. Trifle de pastel de patata dulce — 27
9. Bagatela de fresas borracha — 29
10. Trifles de mousse de avellana — 31
11. Trifle de caramelo — 34
12. Trifle de pastel de coco Tres Leches — 36
13. Trifle de galletas — 40
14. Bagatela de Janucá — 42
15. Bagatela de ponche de huevo — 45
16. Trifle de pera y pan de jengibre — 48
17. Bagatela de kiwi — 51
18. Trifle de moca y frambuesa — 53
19. Trifle de melocotón melba — 55
20. Trifle de comida de ángel de piña — 57
21. Trifle de frambuesa y marsala — 59
22. Trifle de whisky escocés — 62
23. Tutti frutti bagatela — 65

24. Bagatela de Napoleón — 67
25. bagatelas tropicales — 69
26. Trifles de huevo Cadbury y Oreo — 71
27. Mousse De Avellana — 73
28. Trifle de helado de pastel de fresas — 76
29. Natillas de coco — 78
30. Trifle de crema fresca con mermelada de fresa — 80
31. Bagatela verde al revés — 82
32. Bagatela de azahar — 85

# PARFAIT — 87

33. Postres de calabaza — 88
34. Parfait crudo con leche de espirulina — 90
35. Parfait de crema de menta — 92
36. Parfait de desayuno de granada y arándanos — 94
37. Parfait de mango y ron — 96
38. Parfait de yogur con microvegetales — 99
39. Parfaits de plátano, granola y bayas — 101
40. Parfaits de plátano y bayas — 103
41. Parfait de bayas para el desayuno — 105
42. Ensalada de parfait de frutas — 107
43. Glaseado de parfait de avellanas — 109
44. Loco de bayas — 111
45. postres helados de calabaza — 113
46. Parfait de manzana y ciruela — 115
47. Parfait de tarta de manzana y quinoa — 118
48. Parfait de frutas amaretto — 120
49. Parfait de crema de plátano — 122
50. Parfait de la selva negra — 124
51. Parfait de capuchino — 126

52. Parfaits de champán y jugo de naranja .......... 128
53. Parfaits de café y toffee .......... 130
54. Tartas de parfait de ponche de huevo .......... 132
55. Parfait helado de regaliz y grosella negra .......... 134
56. Parfaits de jengibre y ruibarbo .......... 136
57. Postre helado de amapola .......... 138
58. Frascos de parfait de desayuno con pera, chía y pistacho .......... 140
59. Parfait de Oreo de naranja y piña .......... 142
60. Parfaits de crema de chocolate con cerezas Oreo .......... 144
61. Parfait de aguacate y oreo .......... 146
62. Postre helado de granola y arándanos .......... 148
63. Parfait de terciopelo rojo .......... 150
64. Parfait de galletas de plátano y jengibre .......... 152
65. Postre helado de naranja y muesli .......... 154
66. Parfait de atún con gazpacho .......... 156
67. Parfait de atún y caviar .......... 158
68. Parfait de desayuno suizo .......... 160
69. Pastel de Pentecostés con parfait .......... 162
70. Parfait de uvas de verano .......... 165
71. Parfait de boniato .......... 167
72. Parfait de brunch de frutas tropicales .......... 170
73. Parfait de arroz con leche .......... 172
74. Parfaits de remolinos de frambuesa .......... 174
75. Parfait de granizado y vainilla de cerveza de raíz .......... 176

# TONTOS DE FRUTAS .......... **178**

76. Loco de bayas .......... 179
77. Tonto de plátano y papaya .......... 181
78. Tonto de arándano .......... 183
79. Tonto de grosella espinosa .......... 185

| | |
|---|---|
| 80. Tonto de guayaba | 187 |
| 81. Tonto de coco de limoncillo | 189 |
| 82. Tonto de lima con fresas y kiwi | 191 |
| 83. Tonto de mango y yogur | 193 |
| 84. Tonto de piña colada | 195 |
| 85. Tonto de piña y macarrones | 197 |
| 86. Tonto de frambuesa | 199 |
| 87. Tonto de fresa | 201 |
| 88. Tonto de ruibarbo y plátano | 203 |
| 89. Tonto de frutas tropicales | 205 |
| 90. Tonto de mascarpone de fresa | 207 |
| 91. Tonto de ruibarbo y jengibre | 209 |
| 92. Mango tonto | 211 |
| 93. Tonto de fresa y ruibarbo | 213 |
| 94. Bayas mixtas y plátano tonto | 215 |
| 95. Tonto de durazno y gelatina de durazno | 217 |
| 96. El tonto de la piña | 219 |
| 97. Tonto de cereza y coco | 221 |
| 98. Tonto de yogur y bayas mixtas | 223 |
| 99. Tonto de plátano y nuez | 225 |
| 100. El tonto de la zarzamora | 227 |
| **CONCLUSIÓN** | **229** |

# INTRODUCCIÓN

Parfaits y bagatelas encabezan la lista de bocadillos y postres que son estéticamente agradables. Con snacks o postres dulces, cremosos, llenos de fruta, presentados en tarros de cristal y comidos con cuchara, es difícil equivocarse. ¿Son lo mismo, sin embargo? La respuesta es no. Aunque las bagatelas y los parfaits ocasionalmente se han confundido entre sí, existen algunas distinciones clave entre los dos dulces.

**nimiedad**
Una bagatela es una natilla o crema con capas de fruta, que se pone sobre el pastel, que en su mayor parte se ha rociado con alcohol. Tradicionalmente, se sirve al final de una comida copiosa. Antes se hacían con un relleno de crema cocida endulzada y bizcochos o galletas desmenuzadas. Ahora se hacen con cualquier relleno de su elección. Las bagatelas se hacen tradicionalmente en un recipiente de vidrio grande y profundo para que pueda ver todas las capas de las variaciones de frutas, pasteles, alcohol y mermelada.

**Parfait**
El parfait es una especie de delicioso postre helado. Originalmente, un parfait se hacía con capas de crema congelada. En los tiempos modernos, los postres helados se hacen con capas de yogur con sabor azucarado o con crema bávara. En lugar de pastel en una capa, a veces se usa granola. Siguiendo el estilo parisino, el puré de natillas resultante se puede emplatar de varias maneras y no se relega a un vaso.

**tonto de la fruta**
Un tonto es un postre inglés. Tradicionalmente, el tonto de frutas se prepara doblando compota de frutas en puré en natillas dulces. Las recetas tontas modernas a menudo se saltan las natillas tradicionales y usan crema batida. Además, se puede agregar un agente saborizante como el agua de rosas.

# NIMIEDAD

# 1. **Bagatela De Calabaza**

Rinde: 18 porciones

**INGREDIENTES:**
**PASTEL:**
- 1 caja de Bizcocho de Especias, desmoronado con las manos
- 1 ¼ tazas de agua

**RELLENO DE PUDÍN:**
- 4 tazas de leche vegetal
- 4 onzas de mezcla de pudín de caramelo
- Lata de 15 onzas de mezcla de calabaza
- 1½ cucharadita de especia de calabaza
- 12 onzas de crema batida ligera a base de plantas

**INSTRUCCIONES:**
a) Combine todos los ingredientes del pastel en un molde para hornear cuadrado de 8 pulgadas y hornee por 35 minutos, o hasta que cuaje.
b) Enfriar en la estufa o rejilla de alambre.
c) En un tazón, combinea base de plantasmezcla de leche y budín.
d) Dejar espesar durante unos minutos. Mezcle bien la calabaza y las especias.
e) Comience colocando en capas una cuarta parte del pastel, luego la mitad de la mezcla de calabaza, luego una cuarta parte del pastel y la mitad de la crema batida a base de plantas.
f) Repita las capas
g) Adorne con cobertura batida y migas de pastel. Refrigere hasta que esté listo para servir

## 2. Mini Trifles De Tiramisú

Rinde: 6 porciones

**INGREDIENTES:**

**PARA EL RELLENO DE MASCARPONE**

- 20 onzas de queso mascarpone
- 3 cucharadas de azúcar
- 1 taza de crema batida espesa, fría
- ½ taza de azúcar en polvo
- 1 cucharadita de extracto de vainilla

**PARA LAS GALLETAS EMPAPADAS EN ESPRESSO**

- ¾ taza de agua caliente
- 3 cucharadas de espresso instantáneo en polvo
- 3 cucharadas de azúcar
- 36 melindres suaves

**PARA LA NATA BATIDA KAHLUA**

- ½ taza de crema batida espesa
- ¼ taza de azúcar en polvo
- 2 cucharadas de Kahlúa

**INSTRUCCIONES:**

a) Mezcle el queso mascarpone y el azúcar hasta que se combinen. No mezcle demasiado o el queso mascarpone puede diluirse. Dejar de lado.

b) En otro tazón, agregue la crema batida espesa, el azúcar en polvo y el extracto de vainilla y bata hasta que se formen picos rígidos.

c) Doble con cuidado la crema batida en la mezcla de queso mascarpone. Dejar de lado.

d) En otro tazón, combine el agua caliente, el espresso en polvo y el azúcar.

e) Para colocar las trifles en capas, sumerja los bizcochos en la mezcla de espresso uno a la vez y colóquelos en el fondo de la taza de trifle. Use dos o tres bizcochos y rómpalos en pedazos según sea necesario para que quepan en la taza y creen una capa completa.

f) Coloque con una cuchara o una cuchara una capa de relleno de mascarpone encima de los bizcochos.

g) Repetir otra capa de bizcochos y relleno de mascarpone.

h) Después de completar las bagatelas, haga la crema batida.

i) Agregue la crema batida espesa, el azúcar en polvo y Kahlua a un tazón grande para mezclar y bata hasta que se formen picos rígidos.

j) Coloque un remolino de crema batida encima de cada bagatela, luego espolvoree con cacao en polvo, si lo desea.

k) Refrigere las bagatelas hasta que esté listo para servir.

## 3. Trifle helado de frambuesa y melocotón

Rinde: 4 porciones

**INGREDIENTES:**
- 4 piezas de bizcocho, picadas
- 4 a 8 cucharadas de jerez o Marsala
- 7 a 8 cucharadas de gelatina de frambuesa
- 1 taza de frambuesas frescas o congeladas
- 2 duraznos maduros firmes, pelados y rebanados
- 4 bolas de helado de vainilla, suavizante
- 1 taza de crema espesa batida
- frambuesas frescas y rodajas de durazno, para decorar

**INSTRUCCIONES:**
a) Desmenuce el pastel en la base de 4 platos o vasos de vidrio para servir. Espolvorea el jerez o Marsala uniformemente sobre el pastel.
b) Combine la mermelada y las frambuesas, y luego vierta sobre el pastel. Cubra con los duraznos en rodajas.
c) Extienda el helado suavizante sobre los melocotones. Untar con la crema batida y congelar hasta 1 hora antes de servir.
d) Cuando esté listo para servir, cubra con algunas piezas de fruta fresca.

## 4. Trifle de corteza de menta

Rinde: 10 porciones

**INGREDIENTES:**
**PARA EL RELLENO DE CHOCOLATE BLANCO**
- 3 cucharadas de azúcar granulada
- ⅓ do. maicena
- ½ cucharadita de sal kosher
- 2 ½ taza leche entera
- 1 ½ taza crema espesa
- 8 onzas de chispas de chocolate blanco
- 2 cucharadas de mantequilla
- 1 cucharadita de extracto puro de vainilla

**PARA LOS BROWNIES Y MONTAJE**
- 1 caja de mezcla para brownie, más INGREDIENTES: indicados en la caja
- 1 huevo grande
- 2 c. crema espesa
- ¼ c. azúcar en polvo
- 12 bastones de caramelo, triturados, divididos
- ½ taza chocolate blanco rallado, para cubrir

**INSTRUCCIONES:**
**PARA EL RELLENO DE CHOCOLATE BLANCO**
a) En una cacerola, bata el azúcar, la maicena y la sal para combinar. Batir lentamente la leche y la crema.
b) Encienda el fuego y deje hervir a fuego medio-alto, revolviendo constantemente. Reduzca el fuego a medio y continúe cocinando hasta que la mezcla se espese, de 1 a 2 minutos.
c) Retire la cacerola del fuego y agregue el chocolate blanco, la mantequilla y la vainilla. Bate hasta que el chocolate blanco se derrita y la mezcla esté integrada.
d) Raspe el pudín en un tazón y presione una envoltura de plástico sobre la superficie. Refrigere hasta que se enfríe.

**PARA LOS BROWNIES Y MONTAJE**

e) Precaliente el horno a 350 ° y cubra una bandeja para hornear de 9 "x 13" con papel pergamino. En un tazón grande, prepare la masa de brownie según las instrucciones de la caja y mezcle el huevo adicional hasta que quede suave.

f) Vierta en el molde preparado y hornee hasta que un palillo insertado en el centro salga limpio, aproximadamente 25 minutos. Dejar enfriar por completo.

g) Prepare la crema batida: en un tazón grande con una batidora manual, bata la crema espesa y el azúcar en polvo hasta que se formen picos suaves.

h) Armar la trifle: Cortar el brownie en cubos grandes.

i) Vierta una capa delgada de la crema batida en el fondo del plato pequeño. Cubra con una capa de brownie, luego relleno de chocolate blanco, luego ½ taza de bastones de caramelo triturados y crema batida.

j) Repita dos veces más.

k) Adorne con bastones de caramelo triturados y virutas de chocolate blanco.

## 5. Bagatela de terciopelo rojo

Hace: 8 - 10

**INGREDIENTES:**

- 1 caja de mezcla para pastel de terciopelo rojo
- 16 onzas de queso crema, ablandado
- 5 tazas de crema espesa, dividida
- 1 ½ tazas de azúcar
- ½ taza de azúcar en polvo
- 1 taza de chispas de chocolate semidulce o chocolate picado

**INSTRUCCIONES:**
a) Precalentar el horno a 350°. Prepare la mezcla para pastel red velvet de acuerdo con las instrucciones del paquete y viértala en uno o dos moldes redondos para hornear de aproximadamente la misma circunferencia que el plato pequeño.
b) Hornee de acuerdo con las instrucciones del paquete, luego deje que se enfríe por completo.
c) Retire los pasteles de los moldes y envuélvalos en una envoltura de plástico, luego colóquelos en el congelador durante al menos 2 horas.
d) En un tazón grande, bata el queso crema a fuego alto hasta que esté suave y esponjoso. Agregue lentamente 3 tazas de crema espesa y azúcar y bata hasta que se formen picos suaves. Transferir a la nevera hasta que esté listo para montar.
e) En otro tazón, bata 1 taza de crema espesa y azúcar en polvo a alta velocidad hasta que se formen picos suaves. Transferir a la nevera hasta que esté listo para montar.
f) Haz ganache: coloca las chispas de chocolate en un tazón mediano resistente al calor. En una cacerola pequeña a fuego lento, caliente la 1 taza restante de crema espesa hasta que aparezcan pequeñas burbujas alrededor del borde. Inmediatamente vierta la crema sobre las chispas de chocolate y deje reposar durante 5 minutos. Revuelva hasta que esté brillante y suave. Transferir a la nevera hasta que esté listo para montar.
g) Ensamble el trifle: Retire los pasteles del congelador y córtelos transversalmente en capas de ¼". Coloque una capa en el fondo del plato para trifle y cubra con una capa de la mezcla de queso crema. Repita las capas de pastel y queso crema hasta que el plato esté casi llena, luego agregue una capa de crema batida y deje reposar durante 1 hora.
h) Justo antes de servir, rocíe la trifle con ganache, luego sirva con el ganache restante.

## 6. Bagatelas de huevo Cadbury

Hace: 4

**INGREDIENTES:**
- Caja de 3.4 onzas de pudín de vainilla
- 1 taza de leche fría
- 1 lata de leche condensada azucarada
- Tina de 8 onzas Cool Whip, cantidad dividida
- 2 tazas de chispas de chocolate con leche
- 1 taza de crema espesa
- 3 tazas de Oreo picadas
- Huevos con crema Cadbury, para decorar

**INSTRUCCIONES:**
**HACER PUDÍN:**
a) En un tazón grande, mezcle la mezcla de budín, la leche y la leche condensada azucarada. Deje reposar durante 5 minutos, revolviendo con frecuencia, hasta que la mezcla se haya espesado.
**HACER GANACHE:**
b) En una cacerola pequeña a fuego medio, lleve la crema espesa a fuego lento. Agregue chispas de chocolate con leche a un tazón mediano, luego vierta crema espesa caliente encima. Deje reposar durante 3 minutos, luego bata hasta que el chocolate se haya derretido y la mezcla esté suave. Dejar enfriar a temperatura ambiente.
**ENSAMBLAJE DE LAS BARATAS:**
c) Agregue una capa uniforme de galletas Oreo picadas en el fondo de 4 tarros grandes. Cubra con una capa uniforme de mezcla de pudín, extienda ganache de chocolate con leche sobre el pudín y luego coloque Cool Whip encima. Repita para hacer otra capa de cada ingrediente.
d) Refrigere hasta que esté listo para servir.

## 7. Trifles individuales de limón y arándanos

Rinde: 6 porciones

**INGREDIENTES:**
**PARA LA TARTA DE LIMÓN:**
- 1 taza de harina de pastel
- ½ cucharadita de polvo de hornear
- ¼ de cucharadita más ⅛ de cucharadita de bicarbonato de sodio
- ¼ de cucharadita de sal
- ½ barra de mantequilla, ablandada
- ⅓ taza de azúcar de caña granulada
- 1 huevo
- ¾ cucharadita de extracto de vainilla
- ½ cucharadita de extracto de limón
- ½ taza de suero de leche

**PARA LA NATA MONTADA AZUL:**
- 1 taza de crema batida espesa
- ¼ de cucharadita de pasta de vainilla o extracto de vainilla
- 1 cucharada de jarabe de arce puro

**PARA LAS BARATAS:**
- Pastel de ½ Limón
- Crema Batida Endulzada
- 1 taza de cuajada de limón
- 2 tazas de arándanos frescos

## INSTRUCCIONES:
### PARA LA TARTA DE LIMÓN:
a) Unte con mantequilla un molde para pasteles de 9 pulgadas. Precaliente el horno a 300ºF.

b) En un tazón pequeño, mezcle la harina, el polvo de hornear, el bicarbonato de sodio y la sal. En un tazón grande, mezcle la mantequilla y el azúcar.

c) Agrega el huevo y bate bien. Batir los extractos de vainilla y limón.

d) Agregue la mitad de los INGREDIENTES: secos a los INGREDIENTES: húmedos y mezcle. Agregue suero de leche y bata.

e) Agregue los INGREDIENTES secos restantes: y mezcle hasta que se combinen.

f) Vierta la masa en el molde preparado, alíselo y hornee en horno precalentado hasta que esté ligeramente dorado y al insertar un palillo en el centro salga limpio, aproximadamente 30 minutos.

g) Enfriar completamente antes de hacer las bagatelas.

### PARA LA NATA MONTADA AZUL:
h) En un tazón mediano, bate la crema, la vainilla y el almíbar o el azúcar hasta que se formen picos de dureza media.

### PARA HACER LAS TRIFES:
i) Corta la mitad del pastel en cubos pequeños. Coloque algunos de los cubos en el fondo de un frasco de 8 onzas.

j) Agregue una cucharada o dos de crema batida. Coloque una capa de arándanos.

k) Extienda una cucharada de crema de limón encima. Repite las capas una vez más.

l) Haz lo mismo con los tarros de mermelada restantes.

m) Sirva inmediatamente o guarde, tapado, en el refrigerador por unas horas.

## 8. Trifle de pastel de patata dulce

Rinde: 16 porciones

**INGREDIENTES:**
- 1 pastel de nuez
- 1 pastel de boniato o pastel de calabaza
- 2 ½ tazas de crema batida
- 2 tazas de helado de nuez con mantequilla
- 1 taza de salsa de caramelo

**INSTRUCCIONES:**
a) En la parte inferior, comience con pastel de camote y corteza, lo que ayudará a que se mantenga firme.
b) Siguiente capa con un poco de helado y luego crema batida.
c) Puedes agregar un poco de caramelo encima de la crema batida si lo deseas. A continuación, cubra con los trozos de pastel de nuez.
d) Luego repita con helado y crema batida, y cubra con caramelo y nueces.

## 9. Trifle de fresa borracho

Rinde: 1 tazón para trifle

**INGREDIENTES:**
- 1 taza de leche entera fría
- 1 taza de crema agria
- Paquete de 3.4 onzas de mezcla instantánea para pudín de vainilla
- 1 cucharadita de ralladura de naranja
- 2 tazas de crema batida espesa
- 8 tazas de pastel de ángel en cubos
- 4 tazas de fresas frescas en rodajas
- ½ taza de Grand Marnier, más 2 cucharadas

**INSTRUCCIONES:**
a) Remoje su Angel Food Cake en cubos durante la noche en ½ taza de Grand Marnier, en el congelador.
b) Para comenzar, bata su crema batida fresca y espesa y reserve. En un tazón grande, bata la leche, la crema agria, 2 cucharadas de licor, la mezcla para pudín y la ralladura de naranja a velocidad baja hasta que espese. Doble en su crema batida.
c) Para organizar su tazón de bagatela: agregue ⅓ del pastel en el fondo. Agregue fresas a los lados y por encima. Luego, agregue su mezcla de pudín encima de eso. Repetir.
d) Refrigere por 2 horas antes de servir. Mantener refrigerado entre porciones.

## 10. Trifles De Mousse De Avellanas

Rinde: 10 porciones

**INGREDIENTES:**
**PASTEL**
- 1 taza de harina para todo uso
- 1 taza de azúcar granulada
- ¼ taza + 2 cucharadas de cacao en polvo sin azúcar
- 1 cucharadita de bicarbonato de sodio
- ½ cucharadita de levadura en polvo
- ½ cucharadita de sal
- ½ taza de café caliente
- ½ taza de aceite de sabor neutro
- ½ taza de leche, entera o reducida en grasa
- ½ cucharadita de extracto de vainilla
- 1 huevo grande

**MOUSSE DE CHOCOLATE Y AVELLANA**
- 1 ½ tazas de crema batida espesa, fría
- ¾ taza de chocolate con avellanas para untar
- Sugerencias para aderezos/guarniciones
- Virutas de chocolate
- Chispas de chocolate
- Cacao en polvo sin azúcar
- Crema batida

## INSTRUCCIONES:
### PREPARAR PASTEL

a) Precaliente el horno a 325 °F y reserve un molde para hornear cuadrado de 8 pulgadas engrasado o un molde para hornear redondo de 9 pulgadas.

b) En un tazón grande, mezcle la harina para todo uso, el azúcar, el cacao en polvo, el bicarbonato de sodio, el polvo para hornear y la sal. Dejar de lado.

c) En un recipiente aparte, mezcle el café, el aceite, la leche, la vainilla y el huevo.

d) Agregue INGREDIENTES: líquido a la mezcla de harina y bata hasta que esté bien combinado. Transfiera la masa al molde para hornear preparado y hornee hasta que un palillo insertado cerca del centro salga limpio, aproximadamente de 30 a 40 minutos. Enfríe en la sartén durante 15 minutos, luego transfiéralo a una rejilla para que se enfríe por completo.

### PREPARAR ESPUMA

e) En un tazón grande, bata la crema batida a velocidad media-alta hasta que se formen picos rígidos.

f) Agregue la crema de chocolate con avellanas y mezcle suavemente hasta que esté bien combinado y no queden rayas.

g) Si lo desea, transfiera la mousse a una manga pastelera.

### ENSAMBLAJE DE BARATAS

h) Cortar el pastel enfriado en trozos del tamaño de un bocado.

i) Divide la mitad de los pedazos de pastel entre los platos para servir.

j) Coloca con una cuchara o una cuchara la mitad de la mousse sobre el pastel.

k) Cubra con el pastel restante y la mousse. Adorne como desee.

l) Las bagatelas deben mantenerse refrigeradas hasta que estén listas para servir.

## 11. Trifle de caramelo

Hace: 8

**INGREDIENTES:**
- 1 caja de mezcla para pastel de chocolate
- 2 huevos
- ¼ taza de aceite de canola
- 4 cajas de budín de caramelo
- 8 tazas de leche
- 2 tazas de crema espesa
- 2 cucharadas de azúcar granulada
- 2 cucharaditas de extracto de vainilla

**INSTRUCCIONES:**
a) Combina la masa para pastel, el aceite y los huevos. Revuelva bien.
b) Vierta en un molde para hornear.
c) Cocine a 350 grados durante 10 a 12 minutos. Dejar enfriar.
d) Combine la mezcla de pudín de caramelo y la leche en una cacerola.
e) Llevar a ebullición y cocinar durante 12 - 15 minutos. Dejar enfriar en la nevera.
f) En una batidora de pie, combine la crema espesa y el azúcar. Batir a punto de nieve.
g) Agregue la vainilla y mezcle hasta que se combine.
h) Montar la bagatela en capas. Comience por desmenuzar el pastel con las manos.
i) Coloque una capa de 2" en el fondo del plato.
j) A continuación, agregue la mitad del budín de caramelo.
k) Luego, poner la mayor parte de la capa de crema batida reservando un poco para el emplatado.
l) Termine agregando una capa de pastel y otra capa de pudín, y luego coloque un poco de crema batida en el centro. Cubra con más migas de pastel.

## 12. Trifle de Pastel de Coco Tres Leches

Hace: 10

**INGREDIENTES:**
**PASTEL**
- 1 taza de azúcar blanca
- 5 yemas de huevo
- 5 claras de huevo
- ⅓ taza de leche de coco
- ½ cucharadita de extracto de vainilla
- 1 cucharadita de extracto de coco
- 1 taza de harina para todo uso
- 1 ½ cucharaditas de polvo de hornear

**SALSA DE LECHE**
- Lata de 14 onzas de leche condensada azucarada
- 12 onzas líquidas de leche evaporada, menos ½ taza
- ¾ taza de leche de coco

**CREMA PASTELERA DE COCO**
- 14 onzas de leche de coco
- ¾ taza de azúcar
- 3 cucharaditas de extracto de vainilla
- pizca de sal kosher
- 3 yemas de huevo grandes
- 2 cucharadas de maicena
- 2 cucharadas de mantequilla sin sal
- 1 taza de hojuelas de coco endulzadas
- ½ taza de crema batida espesa

**CREMA BATIDA**
- 2 tazas de crema batida espesa
- 6 cucharadas de azúcar glas
- coco tostado para montar y cubrir

**INSTRUCCIONES:**

a) Para tostar el coco, extiéndalo en una bandeja para hornear y hornéelo a 350 grados F durante unos minutos, revolviendo de vez en cuando, hasta que esté tostado y dorado.

b) Transfiéralo a un plato para que se enfríe antes de usarlo.

**PREPARAR LA CREMA PASTELERA DE COCO:**

c) Mezcla la leche de coco, el azúcar, la sal y la vainilla en una cacerola mediana y caliéntala a fuego medio. En un recipiente aparte, mezcle las yemas de huevo y la maicena.

d) Cuando la mezcla de leche de coco se caliente, templa las yemas de huevo recogiendo ½ taza de leche y rociándola lentamente en las yemas mientras bate.

e) Ahora agregue las yemas templadas nuevamente a la mezcla de leche de coco que todavía está en la estufa y bata durante 3 minutos a temperatura media-alta, o hasta que la mezcla se espese y burbujee.

f) Asegúrate de batir constantemente durante los 3 minutos completos para que la crema pastelera no se separe más tarde.

g) Después de los 3 minutos, mezcle la mantequilla y luego el coco. Vierta la crema en un plato hondo para dejar que se enfríe.

h) Cubra la crema enfriada con una envoltura de plástico presionada contra la crema pastelera, lo que evitará que se forme una capa.

i) Refrigere la crema pastelera durante una hora mientras realiza los siguientes pasos. Una vez fría, removemos la crema pastelera para que se suelte.

j) Bate la ½ taza de crema espesa a picos medianos en un tazón frío. Agregue un tercio de la crema batida a la crema pastelera para aligerarla antes de incorporar el resto.

**HACER EL PASTEL:**

k) Precaliente el horno a 350 grados F y engrase dos moldes para pasteles de 9 pulgadas.

l) En un tazón mediano, bata las yemas de huevo con ¾ de taza de azúcar hasta que estén livianas y dupliquen su volumen. Mezcle

la leche de coco, la vainilla, los extractos de coco, la harina y el polvo de hornear.
m) En un recipiente aparte, bata las claras de huevo hasta que se formen picos suaves.
n) Agregue el ¼ de taza de azúcar restante y bata hasta que se formen picos rígidos.
o) Incorpore suavemente las claras a la mezcla de yemas hasta que no queden rayas y vierta la masa en los moldes preparados.
p) Hornee a 350 grados durante 12-15 minutos o hasta que un palillo insertado en el centro salga limpio.
q) Deje que se enfríen durante 10 minutos en el molde antes de pasar un cuchillo por el borde de las capas de pastel e invertirlas en una rejilla para enfriar. Enfriarlos por completo.

**HACER CREMA BATIDA:**
r) Batir las 2 tazas de crema y azúcar glas en un tazón frío hasta obtener picos rígidos.

**MONTAR EL TRIFLE:**
s) Batir la leche condensada, la leche evaporada y la leche de coco para la Salsa de Tres Leches.
t) Coloque una capa de pastel en el fondo de su plato pequeño y hágale agujeros con un tenedor.
u) Vierta aproximadamente ⅓ taza de la mezcla de leche sobre ella y déjela reposar durante unos 30 minutos.
v) Cubra con toda la crema pastelera de coco, una capa generosa de coco tostado y la mitad de la crema batida.
w) Pinchar la otra capa de bizcocho con un tenedor.
x) Colóquelo encima de la capa de crema batida en su plato pequeño y vierta otro ⅓ de taza de la mezcla de leche sobre él.
y) Cubra la bagatela y refrigérela por 30 minutos. Después de enfriar, cubra la bagatela con la crema batida restante y cubra con el coco tostado restante.
z) Deje reposar todo durante la noche en el refrigerador antes de comer.

## 13. bagatela de bizcocho

Rinde: 6 porciones

**INGREDIENTES:**
- 3 tazas de crema pastelera
- 2 tazas de biscotti desmenuzado o picado
- ½ taza de licor con sabor a café
- 3 tazas de fresas en rodajas
- 1 taza de crema batida
- 3 ramitas de menta
- 1 virutas de chocolate

**INSTRUCCIONES:**
a) En una bonita fuente o tazón de vidrio de 1½ cuartos, extienda un tercio de la crema pastelera, cubra con un tercio de las migas de biscotti y rocíe con licor de café.
b) Cubra con 1 taza de fresas. Repita dos veces más.
c) Finaliza untando la nata montada por encima.
d) Decorar con menta y chocolate. Refrigere, tapado, durante 45 minutos antes de servir.

## 14. Bagatela de Janucá

Rinde: 1 porción

**INGREDIENTES:**
- 2½ taza de natillas
- 1 mermelada de rollo suizo
- 4 cucharadas de vino de Oporto
- ⅔ taza de crema doble
- 4 cucharadas de jarabe afrutado de cualquier fruta enlatada
- 1 taza de ensalada de frutas, fresca o enlatada
- 2½ taza de leche
- 2 cucharadas de natillas en polvo
- 2 cucharadas de azúcar extrafina
- 1 yema de huevo
- 2 tazas de leche entera
- 3 cucharadas de azúcar
- 2 huevos enteros más
- 2 yemas de huevo
- ½ cucharadita de esencia de vainilla

**INSTRUCCIONES:**

a) Haga la crema pastelera en polvo de acuerdo con las instrucciones del paquete.

b) Si prepara flan de huevo, caliente la leche hasta que hierva. En el vaso de una licuadora o procesador de alimentos, ponga la leche caliente, el azúcar, los huevos y las yemas y mezcle durante 10 segundos.

c) Cocine muy suavemente sobre agua hirviendo hasta que espese lo suficiente como para cubrir el dorso de una cuchara de madera, o bata a fuego lento, sin permitir que llegue a un punto de burbujeo.

d) Añadir la vainilla y dejar enfriar.

e) Corta el rollo suizo de ½ pulgada de grosor y utilízalo para forrar el fondo de un recipiente de vidrio.

f) Espolvorear con el vino.

g) Verter la crema pastelera sobre la tarta y dejar enfriar.

h) Batir la nata hasta que empiece a espesar, luego añadir el almíbar de frutas poco a poco, batiendo de nuevo hasta que espese.

i) Incorpore la fruta a la mezcla de crema o queso fresco y cubra con una cuchara.

j) Congele durante 1 hora para que se enfríe completamente, o déjelo en la parte más fría del refrigerador durante la noche.

## 15. bagatela de ponche de huevo

Rinde: 8 porciones

**INGREDIENTES:**
- 1¼ taza de leche fría
- 1 paquete de pudín instantáneo Jell-O y relleno de pastel, vainilla francesa o sabor a vainilla
- ¼ taza de ron
- ⅛ cucharadita de nuez moscada molida
- 8 onzas de cobertura batida Cool Whip, descongelada
- 1 pan de bizcocho
- 2 cucharadas de mermelada de fresa
- Lata de 11 onzas de gajos de mandarina, escurridos
- 1½ tazas de fresas a la mitad
- ¼ taza de almendras rebanadas, tostadas

**INSTRUCCIONES:**

a) Vierta la leche en un tazón mediano. Agregue la mezcla para pudín, 2 cucharadas de ron y nuez moscada.

b) Batir con un batidor de alambre hasta que esté bien mezclado, de 1 a 2 minutos.

c) Deje reposar durante 5 minutos o hasta que espese un poco.

d) Dobla la mitad de la cobertura batida.

e) Corte la parte superior redondeada de un bizcocho, reservado para refrigerio u otro uso.

f) Corta el pastel restante horizontalmente en 4 capas. Espolvorea las capas de manera uniforme con las 2 cucharadas restantes de ron.

g) Extienda la mermelada en la superficie de 2 capas, cubra con las 2 capas restantes. Corte los pasteles en cubos de 1 pulgada.

h) Coloque aproximadamente la mitad de los cubos de pastel en el fondo de un tazón de lados rectos de 2½ cuartos.

i) Vierta la mitad de la mezcla de pudín en un tazón.

j) Cubra con la mitad de la fruta y las almendras, y cubra con los cubos de pastel restantes.

k) Vierta la mezcla de pudín restante sobre el pastel. Cubra con la fruta restante y las almendras.

l) Adorne con la cobertura batida restante. Enfriar hasta que esté listo para servir.

## 16. Trifle de pera de pan de jengibre

Rinde: 16 porciones

**INGREDIENTES:**
- 2½ tazas de harina de trigo integral para repostería
- 1 cucharadita de bicarbonato de sodio
- 1 cucharadita de polvo de hornear
- ½ cucharadita de clavo molido
- ½ cucharadita de canela molida
- ½ cucharadita de sal
- ½ taza de azúcar morena empacada
- ½ taza de puré de ciruelas
- 2 cucharaditas de raíz de jengibre picada
- 2 cucharadas de aceite vegetal
- 1 taza de melaza oscura
- 2 cucharaditas de extracto de vainilla
- ¾ taza de agua hirviendo
- aceite o aerosol para cocinar
- 6 peras, peladas y en rodajas
- 1 taza de azúcar
- ¾ taza de agua
- ¼ cucharadita de nuez moscada
- ¼ taza de jugo de limón
- 2 cucharadas de brandy o coñac
- 12 onzas de tofu sedoso Lite
- 1 taza de azúcar
- 1 cucharadita de extracto de vainilla
- ½ cucharadita de canela
- ¾ taza de leche de soya
- cobertura batida

**INSTRUCCIONES:**

a) Para hacer pan de jengibre: Precaliente el horno a 375 F. Rocíe ligeramente o engrase un molde para hornear cuadrado de 8 o 9 pulgadas. En un tazón mediano, mezcle la harina, el bicarbonato de sodio, el polvo de hornear, el clavo, la canela y la sal y reserve. En un tazón grande, mezcle el azúcar moreno, el puré de ciruelas pasas, el jengibre y el aceite. Agregue la melaza y la vainilla y bata hasta que quede suave. Revuelva en agua hirviendo, mezclando bien.

b) Agregue los INGREDIENTES secos: y revuelva hasta que estén bien incorporados. Vierta la masa en el molde preparado y hornee durante unos 35 minutos o hasta que al insertar un palillo en el centro, éste salga limpio. Retire y reserve 5 minutos.

c) Volcar sobre una rejilla para que se enfríe. Para hacer la salsa de pera: En una cacerola grande, combine las peras, el azúcar, el agua, la nuez moscada y el jugo de limón. Deje hervir, revolviendo constantemente.

d) Reduzca el fuego ligeramente y continúe hirviendo, sin tapar, durante unos 10 minutos.

e) Agregue el brandy y reserve. Para hacer la crema: en un procesador de alimentos o licuadora, haga puré de tofu, azúcar, vainilla y canela hasta que quede suave.

f) Agregue la leche de soya y procese hasta que quede suave y liviano. Para armar la bagatela: corte el pastel enfriado en cubos de 1 pulgada. En un plato pequeño o tazón grande, extienda ⅓ de la crema en el fondo. A continuación, coloque la mitad del pan de jengibre encima. Coloque la mitad de las peras sobre el pastel y cubra con la mitad de la crema restante.

g) Repita con el pan de jengibre restante, las peras y la crema restante.

h) Cubra bien con una envoltura de plástico y refrigere por varias horas o toda la noche, para que los sabores se mezclen. Justo antes de servir, agite la cobertura batida sobre la parte superior, si lo desea.

## 17. bagatela de kiwi

Rinde: 1 porción

**INGREDIENTES:**
- 1 paquete de mezcla instantánea de pudín de vainilla
- 1 paquete Ladyfingers
- 3 cucharadas de crema de jerez
- ¼ taza de mermelada de fresa
- 2 tazas de kiwi troceado
- 2 cucharadas de almendras tostadas en rodajas
- 4 onzas de cobertura de postre congelada, descongelada

**INSTRUCCIONES:**
a) Prepare la mezcla instantánea de pudín de vainilla según las instrucciones del paquete. Dejar de lado.
b) Cortar los bizcochos en cubos.
c) En un tazón para servir de 2 cuartos, coloque la mitad de los bizcochos en cubos.
d) Espolvorear con la mitad del jerez. Punto con la mitad de las conservas.
e) Cubra con la mitad del kiwi y la mitad de las almendras.
f) Vierta la mitad del budín preparado sobre todo. Repita las capas comenzando con los bizcochos restantes, el jerez, las conservas, las frutas, las almendras y el budín.
g) Enfriar hasta que esté listo para servir.
h) Para servir, cubra con cobertura de postre congelada, descongelada.
i) Aproximadamente 10 minutos.

## 18. Trifle de moca y frambuesa

Rinde: 8 porciones

**INGREDIENTES:**
- 1 libra de bizcocho de chocolate
- ⅓ taza Kahlúa
- 1 libra de frambuesas, frescas o congeladas
- 3½ onzas de chocolate negro
- 1⅓ taza de crema para batir
- 4 yemas de huevo
- ¼ taza de maicena
- ¾ taza de azúcar
- 1½ taza de leche
- 1 cucharada de café instantáneo en polvo
- 1 cucharada de agua, caliente
- 2 cucharaditas de vainilla
- 1⅓ taza de crema para batir

**INSTRUCCIONES:**
a) Cortar el pastel en 10-12 rebanadas. Coloque la mitad de las rebanadas en un tazón pequeño. Espolvorea uniformemente con la mitad del Kahlua, cubre con la mitad de las frambuesas, espolvorea con ⅓ del chocolate y unta con la mitad de las natillas. Repita las capas.

b) Decora con la crema batida, el chocolate amargo restante y las frambuesas adicionales. Natillas de café: Batir las yemas de huevo, la maicena y el azúcar en una sartén hasta que quede suave. Caliente la leche en una cacerola separada y revuelva gradualmente en la mezcla de yema de huevo. Cocine, revolviendo constantemente hasta que la mezcla hierva y espese.

c) Agregue café, agua y vainilla combinados, cubra la superficie con una envoltura de plástico para evitar que se forme una capa y enfríe a temperatura ambiente. Batir la crema batida hasta que se formen picos suaves y doblar en la crema pastelera.

## 19. Trifle de melocotón melba

Rinde: 1 porción

**INGREDIENTES:**
- Dos paquetes de 8 oz de Ladyfingers
- ¼ de taza más 1 cucharada de jerez seco o jugo de naranja
- 1½ libras de duraznos frescos, pelados y rebanados
- ½ taza de mermelada de frambuesa roja
- Lata de 18 oz de leche condensada azucarada
- 1½ tazas de agua fría
- Paquete de 8 oz de pudín instantáneo de vainilla y mezcla para relleno de pasteles
- 2 tazas de crema espesa o para batir
- mermelada de frambuesa roja adicional para decorar
- almendras tostadas para decorar

**INSTRUCCIONES:**

a) Cubra el fondo y el costado de un tazón de 2 -½ a 3 cuartos de galón con las mitades de bizcocho con los lados abiertos hacia arriba. Pincelar con 2 cucharadas de jerez o jugo de naranja.

b) Cubra con la mitad de las rodajas de durazno. Vierta las conservas sobre los duraznos y reserve. En un tazón grande para mezclar, combine la leche condensada y el agua.

c) Agregue la mezcla de pudín, batiendo bien. Refrigere de 5 a 10 minutos.

d) En un tazón pequeño, bata la crema hasta que se formen picos rígidos.

e) Incorporar a la mezcla de pudín fría con 1 cucharada del jerez o jugo de naranja restante. Vierta la mitad sobre las conservas en un bol.

f) Cubra con los bizcochos restantes, el jerez o el jugo de naranja y la mezcla de pudín.

g) Cubra y refrigere por lo menos 2 horas. Adorne con mermelada de frambuesa y almendras adicionales justo antes de servir. Para tostar almendras, coloque una sola capa en una bandeja para hornear.

h) Hornee a 300 grados durante 5 a 7 minutos o hasta que estén ligeramente doradas. Enfriar completamente.

## 20. Trifle de comida de ángel de piña

Rinde: 12 porciones

**INGREDIENTES:**
- 1 lata de golosinas de piña
- 2 paquetes de pudín instantáneo de vainilla
- 3 tazas de leche
- 8 onzas de crema agria
- 8 onzas de látigo fresco
- 1 pastel de ángel, en cubos

**INSTRUCCIONES:**

a) Escurra los bocaditos de piña, reservando 1 taza de jugo y reserve.

b) Combine la mezcla de pudín instantáneo, ½ taza de jugo reservado y la leche en un tazón grande y bata a baja velocidad con una batidora eléctrica durante 2 minutos o hasta que espese.

c) Agregue la crema agria y las cositas de piña.

d) Coloque ⅓ de los cubos de pastel en el fondo de un recipiente de vidrio de 16 tazas. rocíe con 2 a 3 cucharadas del jugo de piña restante.

e) Rocíe una cantidad generosa de ron.

f) Vierta ⅓ de la mezcla de pudín sobre el pastel.

g) Repita el procedimiento dos veces, terminando con la mezcla de budín.

h) Cubra y enfríe durante al menos 3 horas. Justo antes de servir, extienda la parte superior con cobertura batida.

i) Adorne, si lo desea, con hojas de menta y rodajas de piña.

## 21. Trifle de frambuesa y marsala

Rinde: 12 porciones

**INGREDIENTES:**
- Paquete de 22 ¼ oz receta de mantequilla húmeda de lujo mezcla para pastel dorado
- 13/16 taza Marsala seco
- 12 oz de frambuesas congeladas sin azúcar, descongeladas y escurridas
- 3⅝ cucharada más ¾ taza de azúcar
- 10¾ yemas de huevo grandes
- 1 3/16 taza marsala seco
- 1 13/16 taza de crema para batir, fría
- ⅝ pinta Cesta de frambuesas frescas

**INSTRUCCIONES:**

a) Para el pastel: Molde para hornear de 13x9x2 pulgadas con mantequilla y harina.

b) Prepare el pastel de acuerdo con las instrucciones del paquete, sustituyendo ⅔ de taza de Marsala por agua.

c) Hornea el pastel y enfríalo por completo. Corte el pastel a lo largo en tercios de 1 pulgada.

d) Corte el pastel a lo largo en rebanadas de 1 pulgada de ancho. Dejar de lado.

e) Para el relleno: mezcle las frambuesas congeladas descongeladas y 3 cucharadas de azúcar en un tazón grande. Dejar de lado.

f) Con una batidora de mano, bata las yemas de huevo y los ¾ de taza de azúcar restantes en un tazón grande de metal hasta que estén bien mezclados.

g) Batir en 1 taza de Marsala seco. Coloque el tazón sobre una cacerola con agua hirviendo.

h) Bate hasta que la mezcla triplique su volumen y registre 160 grados en un termómetro, aproximadamente 6 minutos. Retire el recipiente del agua. Enfríe la mezcla de yemas a temperatura ambiente, revolviendo ocasionalmente.

i) Coloque suficientes rebanadas de pastel en un plato pequeño de 12 tazas para cubrir el fondo.

j) Vierta 1 taza de la mezcla de frambuesas sobre el pastel, dejando que se vea un poco a los lados del tazón.

k) Vierta 1-½ tazas de relleno por encima. Coloque suficientes rebanadas de pastel sobre el relleno para cubrirlo por completo. Extienda la mezcla de frambuesa restante. Vierta el relleno restante y alise la parte superior. Cubra y refrigere la bagatela durante al menos 4 horas o toda la noche.

l) Con una batidora eléctrica, bata ¾ de taza de crema batida fría a punto de nieve en un tazón mediano. Vierta en una manga pastelera provista de una punta de estrella grande. Vierta la crema batida decorativamente sobre una bagatela. Adorne la bagatela con frambuesas frescas.

## 22. Trifle de whisky escocés

Rinde: 12 porciones

**INGREDIENTES:**
- 2⅔ taza Mitad y mitad
- 6 yemas de huevo
- ¾ taza de azúcar morena oscura, envasada
- 3 cucharadas de harina para todo uso
- 1½ cucharadita de extracto de vainilla
- 1 taza de crema para batir, fría
- 2 cucharadas de crema para batir, fría
- 1¼ cucharadita de espresso instantáneo en polvo
- 3 cucharadas de whisky escocés
- 1 libra de bizcocho congelado, en cubos
- 6 cucharadas de whisky escocés
- 1 taza de mermelada de frambuesa
- 1 pinta de frambuesas frescas
- 2 plátanos, pelados, cortados por la mitad a lo largo, en rodajas
- 2 tazas de crema para batir, fría
- 3 cucharadas de azúcar
- 3 cucharadas de whisky escocés
- ½ pinta de frambuesas frescas
- Chocolate semiamargo rizado o rallado

## INSTRUCCIONES:
### PARA LAS NATILLAS:
a) Escaldar mitad y mitad en una cacerola mediana pesada.

b) Batir las yemas, el azúcar y la harina en la parte superior de una caldera doble hasta que quede suave.

c) Poco a poco mezcle la mitad caliente y la mitad. Colóquelo sobre agua hirviendo y revuelva hasta que la crema esté muy espesa y forme montículos cuando se caiga de una cuchara, aproximadamente 6 minutos.

d) Coloque la parte superior de la caldera doble sobre hielo y enfríe las natillas, batiendo ocasionalmente. Mezclar con vainilla.

e) Combine la crema batida y el polvo de espresso en un tazón grande y revuelva hasta que el polvo se disuelva. Batir a picos firmes. Agregue el whisky escocés y bata hasta que esté firme.

f) Incorpore la mezcla de crema a las natillas frías en 2 adiciones.

### PARA LA NIGAJA:
g) Coloque la mitad de los cubos de bizcocho en un tazón pequeño de 3 cuartos o en un tazón de vidrio. Espolvorea con 3 cucharadas de whisky escocés y revuelve. Caliente la mermelada en una cacerola pequeña y pesada hasta que se pueda verter.

h) Vierta la mitad de la mermelada sobre el pastel y extienda. Cubra con la mitad de las natillas.

i) Cubra con la mitad de las frambuesas, asegurándose de que se vean algunas bayas a los lados del tazón.

j) Cubra con la mitad de los plátanos. Coloque los cubos de bizcocho restantes en otro tazón.

k) Espolvorea con 3 cucharadas de whisky escocés y revuelve.

l) Capa de fruta encima. Vierta la mermelada restante y extiéndala. Cubra con las natillas restantes, luego con otras mitades de frambuesas y plátanos.

m) Cubra y refrigere hasta que cuaje, por lo menos 3 horas.

n) Batir la nata y el azúcar en un bol grande a punto de nieve. Agregue 3 cucharadas de whisky escocés y bata hasta obtener picos firmes. Crema de montículo encima de trifle.

o) Decorar con frambuesas frescas y chocolate.

## 23. Trifle de tutti frutti

Rinde: 4 porciones

**INGREDIENTES:**
- ½ toronja
- 1 naranja
- 1 taza de piña fresca
- 6 malvaviscos
- 6 cerezas al marrasquino
- ½ taza de coco rallado húmedo
- 2 cucharadas de jugo de marrasquino
- 3 claras de huevo
- 6 cucharadas de azúcar glas

**INSTRUCCIONES:**
a) Retire los segmentos de la membrana de la toronja y la naranja, corte la piña en rodajas y corte los malvaviscos y las cerezas en octavos. Remoje los malvaviscos y el coco en los jugos combinados.

b) Batir las claras de huevo a punto de nieve y agregar el azúcar.

c) Combine con la mezcla de frutas y malvaviscos de coco. Congele en la bandeja del refrigerador hasta que esté firme.

## 24. Bagatela de Napoleón

Rinde: 10 porciones

**INGREDIENTES:**
- Paquete de 17¼ onzas de hojaldre congelado, descongelado
- 1 paquete de pudín instantáneo de vainilla y relleno de pastel
- 1½ taza de leche
- 12 onzas de cobertura batida
- ½ taza de sirope sabor chocolate

**INSTRUCCIONES:**
a) Desdoble la masa de hojaldre y coloque cada hoja en una bandeja para hornear.
b) Hornee según las instrucciones del paquete hasta que estén doradas.
c) Deje que la masa se enfríe.
d) En un tazón grande, bata la mezcla de pudín y la leche hasta que espese.
e) Agregue la mitad de la cobertura batida hasta que esté bien mezclado.
f) Rompa la masa enfriada en trozos grandes y coloque un tercio de ellos en el fondo de un tazón de vidrio grande o un plato pequeño.
g) Vierta la mitad de la mezcla de pudín sobre eso y rocíe con un tercio del jarabe de chocolate.
h) Repita las capas, luego cubra con la masa desmenuzada restante, la cobertura batida y el jarabe de chocolate restante.
i) Cubra y enfríe durante al menos 2 horas antes de servir.

## 25. Bagatela tropical

Rinde: 1 porción

**INGREDIENTES:**
- Tres latas de 12 oz de leche evaporada
- 4 tazas de leche entera
- 1 taza más 2 cucharadas de azúcar
- 6 yemas de huevo ligeramente batidas
- 2 cucharadas de jerez dulce o vino de postre
- 1 cucharadita de vainilla
- 1 taza de fresas en rodajas
- 12 rebanadas de bizcocho del día anterior o 24
- Ladyfinger o 36 macarons
- 3 mangos, pelados y en rodajas
- 5 kiwis, pelados y en rodajas
- 1 taza de uvas rojas sin semillas partidas a la mitad

**INSTRUCCIONES:**
a) Caliente la leche en una cacerola a fuego lento.
b) Agregue 1 taza de azúcar y las yemas, batiendo lentamente para que los huevos no se formen grumos.
c) Continúe cocinando, revolviendo constantemente, hasta que la mezcla se vuelva muy espesa.
d) No dejes que hierva o se cuajará. Agregue jerez y vainilla.
e) Retire del fuego y enfríe. Combine las bayas con 2 cucharadas de azúcar y reserve.
f) Cubra un plato pequeño con rebanadas de pastel.
g) Vierta la mitad de las natillas enfriadas sobre el pastel, luego agregue la mitad de la fruta, incluidas las bayas.
h) Agregue otra capa de pastel y cubra con las natillas restantes, luego la fruta.
i) Refrigera hasta el momento de servir. Si lo desea, espolvoree más jerez sobre el bizcocho antes de servir.

## 26. Bagatelas de huevo Cadbury y Oreo

Hace: 4

**INGREDIENTES:**
- Caja de 3.4 onzas de pudín de vainilla
- 1 taza de leche fría
- 1 lata de leche condensada azucarada
- Tina de 8 onzas Cool Whip, cantidad dividida
- 2 tazas de chispas de chocolate con leche
- 1 taza de crema espesa
- 3 tazas de Oreo picadas
- Huevos con crema Cadbury, para decorar

**INSTRUCCIONES:**
**HACER PUDÍN:**
a) En un tazón grande, mezcle la mezcla de budín, la leche y la leche condensada azucarada. Deje reposar durante 5 minutos, revolviendo con frecuencia, hasta que la mezcla se haya espesado.
**HACER GANACHE:**
b) En una cacerola pequeña a fuego medio, lleve la crema espesa a fuego lento. Agregue chispas de chocolate con leche a un tazón mediano, luego vierta crema espesa caliente encima. Deje reposar durante 3 minutos, luego bata hasta que el chocolate se haya derretido y la mezcla esté suave. Dejar enfriar a temperatura ambiente.
**ENSAMBLAJE DE LAS BARATAS:**
c) Agregue una capa uniforme de galletas Oreo picadas en el fondo de 4 tarros grandes. Cubra con una capa uniforme de mezcla de pudín, extienda ganache de chocolate con leche sobre el pudín y luego coloque Cool Whip encima. Repita para hacer otra capa de cada ingrediente.
d) Refrigere hasta que esté listo para servir.

## 27. **Mousse De Avellana**

Rinde: 10 porciones

**INGREDIENTES:**
**PASTEL**
- 1 taza de harina para todo uso
- 1 taza de azúcar granulada
- ¼ taza + 2 cucharadas de cacao en polvo sin azúcar
- 1 cucharadita de bicarbonato de sodio
- ½ cucharadita de levadura en polvo
- ½ cucharadita de sal
- ½ taza de café caliente
- ½ taza de aceite de sabor neutro
- ½ taza de leche, entera o reducida en grasa
- ½ cucharadita de extracto de vainilla
- 1 huevo grande

**MOUSSE DE CHOCOLATE Y AVELLANA**
- 1 ½ tazas de crema batida espesa, fría
- ¾ taza de chocolate con avellanas para untar
- Sugerencias para aderezos/guarniciones
- Virutas de chocolate
- Chispas de chocolate
- Cacao en polvo sin azúcar
- Crema batida

## INSTRUCCIONES:
## PREPARAR PASTEL

a) Precaliente el horno a 325 °F y reserve un molde para hornear cuadrado de 8 pulgadas engrasado o un molde para hornear redondo de 9 pulgadas.

b) En un tazón grande, mezcle la harina para todo uso, el azúcar, el cacao en polvo, el bicarbonato de sodio, el polvo para hornear y la sal. Dejar de lado.

c) En un recipiente aparte, mezcle el café, el aceite, la leche, la vainilla y el huevo.

d) Agregue INGREDIENTES: líquido a la mezcla de harina y bata hasta que esté bien combinado. Transfiera la masa al molde para hornear preparado y hornee hasta que un palillo insertado cerca del centro salga limpio, aproximadamente de 30 a 40 minutos. Enfríe en la sartén durante 15 minutos, luego transfiéralo a una rejilla para que se enfríe por completo.

## PREPARAR ESPUMA

e) En un tazón grande, bata la crema batida a velocidad media-alta hasta que se formen picos rígidos.

f) Agregue la crema de chocolate con avellanas y mezcle suavemente hasta que esté bien combinado y no queden rayas.

g) Si lo desea, transfiera la mousse a una manga pastelera.

## ENSAMBLAJE DE BARATAS

h) Cortar el pastel enfriado en trozos del tamaño de un bocado.

i) Divide la mitad de los pedazos de pastel entre los platos para servir.

j) Coloca con una cuchara o una cuchara la mitad de la mousse sobre el pastel.

k) Cubra con el pastel restante y la mousse. Adorne como desee.

l) Las bagatelas deben mantenerse refrigeradas hasta que estén listas para servir.

## 28. Strawberry Shortcake Roll Helado Bagatela

**INGREDIENTES:**

4 cajas de rollos suizos de tarta de fresa
1 kilo Tina Cool Whip, descongelada
2 Recipientes de Helado de Rollito de Tarta de Fresa, suavizado
1 Tarro Cobertura De Helado De Fresa
1 botella de jarabe de fresa

**INSTRUCCIONES:**

En una fuente para servir, coloque capas en este orden: panecillos, helado, cobertura de fresa, batido fresco y jarabe de fresa. Repita las capas y termine con un látigo fresco en la parte superior con una llovizna de jarabe en la parte superior. Poner en el congelador durante 45 minutos a 1 hora.

Cuando esté listo para servir, retírelo del congelador 5 minutos antes de servir y disfrute.

## 29. Trifle de crema de coco

**INGREDIENTES:**
1,5 kilos de leche
5 cucharaditas de natillas en polvo
media taza de fideos
media taza de azúcar
nueces secas según sea necesario
Galleta María en polvo
galleta oreo en polvo
Súper galleta en polvo
polvo de coco

**INSTRUCCIONES:**
Triture todas las galletas por separado y reserve. (NO MEZCLE)
Calentar la leche, agregar el azúcar y los fideos y dejar cocinar.
Mezcle la natilla en polvo en media taza de leche y reserve.
Ahora agregue la mezcla de natillas en fideos y deje cocinar hasta que espese
Ahora agregue nueces secas, mezcle bien y deje que se enfríe.
Cuando se enfríe, vierta la mezcla en un tazón para servir, ahora extienda el coco en polvo y diferentes galletas en polvo en variación. haz tu propio estilo también y sirve

## 30. Mermelada De Fresa Creme Fraiche Trifle

## INGREDIENTES:

7 cucharaditas Mermelada de fresa
Tarrina de 500 g de Natillas Cremosas
Bote de 300 ml Crema Fraiche
Alrededor de 8 bizcochos para cupcakes.
Cientos de miles de dulces

## INSTRUCCIONES:

Coloque mermelada de fresa en el fondo de un recipiente y luego agregue trozos de bizcocho simple y luego compacte con los dedos.
Añade la Natilla comprada en la Tienda.
Agregue la Creme Fraiche comprada en la tienda a la parte superior de la Trifle (no necesitará usarla toda de inmediato) y luego espolvoree Cientos y Miles (dulces) sobre la parte superior de la Creme fraiche.

## 31. Bagatela verde al revés

**INGREDIENTES:**
Natilla
21/2 taza de leche entera
3 cucharadas de natillas en polvo
1/4 taza de leche
4-5 cucharadas de azúcar (al gusto)
Unas gotas de esencia
1 taza de mezcla de frutas
Gelatina
Paquete de 2 gelatinas sabor plátano
Agua según sea necesario
puñado de cerezas rojas

**INSTRUCCIONES:**
Caliente la leche en una olla y disuelva el azúcar en ella.
Mezcle las natillas en polvo en 1/4 taza de leche suavemente.
Añadir esencia en ella. Agregue esta leche a la leche tibia sin dejar de remover para evitar que se formen grumos hasta que la crema espese.
Pruebe el azúcar también. Cuando la crema tenga la consistencia deseada.
Apague el calor. Deja que se enfríe primero a temperatura ambiente.
Agregue las frutas picadas en un tazón.
Vierta la crema pastelera sobre las frutas y deje que se asiente.
Haz gelatina con sabor a plátano según las instrucciones del paquete. Vierta en 4 tazones de vidrio pequeños separados. Deja que se enfríe por completo.
Cuando la gelatina se asiente por completo, vierta un poco de crema de frutas sobre ella. No en gran cantidad, solo lo suficiente para hacer una capa sobre la gelatina. Mantenga los tazones en el refrigerador para que se enfríen y se asienten.
Antes de servir, inserte un cuchillo alrededor de los bordes de la gelatina en el tazón para aflojar los lados. Luego coloque un tazón de un diámetro ligeramente más grande sobre el tazón para trifle. Déle la vuelta con cuidado para voltear la bagatela en un tazón nuevo con la gelatina saliendo por encima.
Cubra con cerezas rojas y sirva frío.

## 32. Trifle de azahar

**INGREDIENTES:**
2 naranjas de pulpa
1 taza de crema batida
1/2 taza de pastel desmenuzado
1/2 taza de leche condensada

**INSTRUCCIONES:**
En un bol batir la nata para montar. Pelar la naranja y separar la pulpa.
En un tazón para servir, extienda una capa de pastel desmenuzado. Luego capa de leche condensada.
Luego capa de pulpa de naranja y cúbrelo con crema para batir, decóralo con rodajas de naranja, guárdalo en el refrigerador y sírvelo frío.

# PARFAIT

## 33. postres de calabaza

Hace: 6

**INGREDIENTES:**
- 1 pastel de calabaza congelado
- 2 tazas de crema espesa
- ¾ taza de jarabe de arce dividido Maíz dulce para decorar

**INSTRUCCIONES:**
a) Hornee el pastel según las instrucciones del paquete. Deje enfriar durante al menos 2 horas.

b) Corta el pastel en 6 u 8 rebanadas y luego corta cada rebanada en aproximadamente 12 trozos.

c) En un tazón grande, bata la crema espesa y ¼ de taza de jarabe de arce hasta que se formen picos rígidos.

d) Vierta un tercio de la mezcla de crema batida de manera uniforme en 6 a 8 vasos de parfait. Coloque la mitad de los trozos de pastel sobre la crema. Rocíe con ¼ de taza del jarabe de arce restante y repita las capas.

e) Cubra con la mezcla de crema batida restante y enfríe durante al menos 1 hora antes de servir. Adorne con maíz dulce justo antes de servir.

## 34. Parfait crudo con leche de espirulina

Hace: 1

**INGREDIENTES:**
**SECO**
- ½ taza de avena
- 1 cucharada de manzana, seca
- 1 cucharada de almendras, activadas
- 1 cucharada de nibs de cacao dulce
- 1 cucharada de albaricoques, secos, finamente picados
- ½ cucharaditas de vainilla en polvo
- 1 cucharada de maca en polvo

**LÍQUIDO**
- 1 taza, leche de marañón
- 1 cucharada de espirulina en polvo
- 2 cucharadas de semillas de calabaza, molidas

**INSTRUCCIONES:**
a) En un tarro de albañil, agregue y cubra la avena, las manzanas, las almendras y los albaricoques y cubra con semillas de cacao.
b) Luego coloque la leche de anacardo, la espirulina y las semillas de calabaza en una licuadora y pulse a velocidad alta durante un minuto.
c) Vierta la leche terminada sobre los INGREDIENTES secos: y disfrute.

## 35. Parfait de crema de menta

Rinde: 6 porciones

**INGREDIENTES:**
- 3 tazas de malvaviscos en miniatura
- ½ taza de leche
- 2 cucharadas de crema de menta verde
- 1 taza de chispas de chocolate semidulce
- ¼ taza de azúcar en polvo
- 1½ taza de crema para batir
- Caramelo de hojas de menta o menta fresca

**INSTRUCCIONES:**
a) En una cacerola mediana, combine los malvaviscos y la leche. Cocine a fuego lento, revolviendo constantemente hasta que los malvaviscos se derritan y la mezcla esté suave.
b) En un tazón pequeño, vierta 1 taza de la mezcla de malvaviscos. Agregue la crema de menta y reserve.
c) Agregue chispas de chocolate y azúcar en polvo a la mezcla de malvaviscos que queda en la cacerola. Regrese la cacerola a fuego lento y revuelva constantemente hasta que las papas fritas se derritan. Retire del fuego y enfríe a temperatura ambiente.
d) En un tazón grande, bata la crema batida hasta que esté firme y agregue 1 ½ tazas a la mezcla de menta. Incorpore la crema batida restante a la mezcla de chocolate.
e) Cucharee alternativamente las mezclas de chocolate y menta en vasos de parfait.
f) Refrigere hasta que esté frío o colóquelo en el congelador hasta que esté firme. Adorne como desee.

## 36. Parfait de desayuno de granada y arándanos

Hace: 1

**INGREDIENTES:**
- Yogur griego natural sin grasa
- Miel
- arándanos
- Semillas de granada
- Granola

**INSTRUCCIONES:**
a) Rocíe un poco de miel en la taza o tazón en el que servirá los postres helados si quiere que se vea por fuera.
b) Agregue una cucharada de yogur y cubra con algunos arándanos, semillas de granada y una cucharada de granola.
c) Agregue otra cucharada de yogur, cubra con otra llovizna de miel y coloque más arándanos, semillas de granada y granola. Puede hacer capas tantas veces como sea necesario para llenar su plato de servir.
d) Sirva inmediatamente o mantenga frío hasta que esté listo para comer.

## 37. Parfait de mango y ron

Hace: 6

**INGREDIENTES:**
- 3 huevos de lino
- ¾ taza de azúcar granulada
- ¼ de taza más 2 cucharadas de maicena
- ¼ de cucharadita colmada de sal
- 3½ tazas de leche vegetal
- 1 cucharada de mantequilla a base de plantas
- 1 cucharada de extracto de vainilla
- 1 cucharada de ron especiado
- ½ taza de crema de marañón fría
- 2 cucharadas de azúcar glas
- 2 tazas de galletas de mantequilla rotas
- 3 mangos maduros grandes, en rodajas

**INSTRUCCIONES**

a) En una cacerola mediana a fuego medio, bata los huevos de lino, el azúcar granulada, la maicena y la sal.

b) Lleve a fuego lento, luego agregue la leche y cocine durante 5 a 8 minutos, revolviendo con frecuencia.

c) Cuando comience a burbujear, reduzca el fuego a bajo y continúe cocinando a fuego lento, revolviendo con frecuencia, hasta que la mezcla espese unos 2 minutos.

d) Retire del fuego y agregue la vainilla, la mantequilla a base de plantas y el ron.

e) Transfiera la mezcla a un tazón nuevo y cubra la superficie del budín con una envoltura de plástico para evitar que se desarrolle una película.

f) Refrigerar por unas horas hasta que cuaje.

g) Colocar la nata en un bol.

h) Batir bien la nata con una batidora de pie o eléctrica a velocidad media-baja.

i) Incorpore el azúcar glas y bata la crema hasta que se formen picos suaves y de firmeza media. No mezcle demasiado los ingredientes.

j) Vierta una cucharada generosa de la mezcla de pudín en cada uno de los 6 vasos de parfait. Coloque una capa de trozos de galleta encima, seguida de una capa de mango en rodajas.

k) Esparza algunos de los trozos de galleta desmenuzados por encima.

## 38. Parfait de Yogurt con Microgreens

Hace: 1

**INGREDIENTES:**
- ½ taza de yogur natural o de vainilla
- ½ taza de moras
- ¼ taza de granola
- 1 cucharadita de miel local
- una pizca de microvegetales de caléndula

**INSTRUCCIONES:**
a) En una taza de parfait, coloque el yogur y las bayas en capas.
b) ¡Termine con una llovizna de miel local, granola, una pizca de microvegetales de caléndula y una baya final!

## 39. Parfaits de plátano, granola y bayas

Marcas: 2

**INGREDIENTES:**
- 1 cucharada de azúcar glas
- ¼ taza de granola baja en grasa
- 1 taza de fresas en rodajas
- 1 plátano
- 12 onzas de yogur griego de piña sin grasa
- 2 cucharaditas de agua caliente
- 1 cucharada de cacao, sin azúcar

**INSTRUCCIONES:**

a) Coloque en capas ⅓ de taza de yogur, ¼ de taza de fresas en rodajas, ¼ de taza de plátanos en rodajas y 1 cucharada de granola en un vaso parfait.

b) Combine el cacao, el azúcar glas y el agua hasta que quede suave.

c) Rocíe sobre cada parfait.

## 40. Parfaits de plátano y bayas

Marcas: 2

**INGREDIENTES:**
- 12 onzas de yogur griego de piña sin grasa
- 1 taza de fresas en rodajas O 1 taza de bayas mixtas
- 1 plátano
- ¼ taza de granola baja en grasa
- 1 cucharada de cacao, sin azúcar
- 1 cucharada de azúcar glas
- 2 cucharaditas de agua caliente

**INSTRUCCIONES:**
a) Para hacer los parfaits, ponga alrededor de 13 tazas de yogur, 14 tazas de fresas en rodajas, 14 tazas de plátanos en rodajas y 1 cucharada de granola en un plato pequeño.
b) Combine el cacao, el azúcar glas y el agua hirviendo en una taza pequeña hasta que quede suave.
c) Rocíe 1 cucharadita del aderezo sobre cada parfait.

## 41. Parfait de bayas para el desayuno

Hace: 4

**INGREDIENTES:**
- 1½ tazas de yogur natural bajo en grasa
- 3 cucharadas de miel
- 1½ tazas de cereal muesli para el desayuno o granola baja en sodio y grasa
- 1½ tazas de bayas frescas mixtas

**INSTRUCCIONES:**
a) Coloque 4 vasos de parfait, tarros de albañil de 8 onzas u otros vasos de 8 onzas.
b) En un tazón pequeño, combine el yogur y la miel y revuelva para mezclar bien.
c) Vierta 2 cucharadas de la mezcla de yogur en el fondo de cada vaso o frasco. Cubra con 2 cucharadas de cereal y luego 2 cucharadas de fruta. Repita hasta que se hayan utilizado todos los ingredientes.
d) Sirva inmediatamente o cubra y refrigere los postres helados hasta por 2 horas.

## 42. Ensalada parfait de frutas

Rinde: 3 porciones

**INGREDIENTES:**
- 1 lata grande de piña triturada
- 1 lata de relleno de pastel de cereza
- 1 lata de leche condensada
- 1 caja grande de Cool Whip

**INSTRUCCIONES:**
a) Combinar en un vaso de parfait.
b) Disfrutar.

## 43. Glaseado de parfait de avellanas

Rinde: 8 porciones

**INGREDIENTES:**
- 6 yemas de huevo
- 150 mililitros de sirope de azúcar
- 3 cucharaditas de café instantáneo, disuelto
- 12 higos secos
- 12 ciruelas pasas
- 1 limón, en jugo y rallado
- 1 naranja, en jugo y rallada
- 30 Avellanas
- 150 gramos de azúcar
- 2 cucharadas de agua hirviendo
- 100 gramos de turrón de avellana, derretido suavemente
- 600 mililitros de nata espesa, batida a punto de nieve
- 4 clavos
- 8 granos de pimienta molidos
- 1 vaina de vainilla, partida sin semillas
- Unas gotas de jugo de limón
- Agua

**INSTRUCCIONES:**

a) El Glace: Batir las yemas y 150 ml del almíbar hasta que esté espumoso. Poner a fuego suave y batir hasta que espese. Ahora coloca sobre hielo y bate hasta que esté frío, agregando la esencia de café. Incorporar el turrón fundido y finalmente la nata. Convertir en un molde de pan y congelar.

b) Ensalada de frutas de invierno: cubra la fruta con agua hirviendo para permitir que se hinche. Agregue el jugo de limón y naranja colado al jarabe de azúcar reservado, junto con la vaina de vainilla. Ate la ralladura de limón y naranja, los clavos y los granos de pimienta en una bolsa de muselina y agréguelos al almíbar.

c) Llevar a ebullición, ajustando la dulzura con un poco más de agua. Cocine por 20 minutos. Agregue los higos y las ciruelas pasas escurridos y cocine a fuego lento durante otros 20 minutos. Permita que se enfríe.

## 44. Tonto de bayas

Rinde: 6 porciones

**INGREDIENTES:**
- Paquete de frambuesas de 12 onzas
- ¼ de taza más 1 cucharada de azúcar, cantidad dividida
- 1 taza de crema batida espesa

**INSTRUCCIONES:**

a) En una licuadora o procesador de alimentos, combine las frambuesas o las fresas con ¼ de taza de azúcar. Procese hasta que las bayas se hagan puré, raspando los lados cuando sea necesario.

b) En un tazón grande, bata la crema espesa con una batidora hasta que se formen picos suaves. Agregue la cucharada de azúcar restante y continúe batiendo hasta que se formen picos rígidos.

c) Usando una espátula de goma, agregue suavemente el puré de frambuesa, dejando algunas rayas de crema batida blanca. Sirva en cuatro vasos de parfait individuales. Refrigere por 2 horas y luego sirva.

## 45. postres de calabaza

Hace: 6

**INGREDIENTES:**
- Tarta de calabaza congelada de 9 pulgadas
- 2 tazas de crema espesa
- ¾ taza de jarabe de arce, cantidad dividida
- Maíz de caramelo para decorar

**INSTRUCCIONES:**
a) Hornee el pastel según las instrucciones del paquete. Deje enfriar durante al menos 2 horas.

b) Corta el pastel en 6 u 8 rebanadas y luego corta cada rebanada en aproximadamente 12 trozos.

c) En un tazón grande, bata la crema espesa y ¼ de taza de jarabe de arce hasta que se formen picos rígidos.

d) Vierta un tercio de la mezcla de crema batida de manera uniforme en 6 a 8 vasos de parfait. Coloque la mitad de los trozos de pastel sobre la crema. Rocíe con ¼ de taza del jarabe de arce restante y repita las capas.

e) Cubra con la mezcla de crema batida restante y enfríe durante al menos 1 hora antes de servir.

f) Adorne con maíz dulce justo antes de servir.

## 46. Parfait de manzana y ciruela

Rinde: 6 porciones

**INGREDIENTES:**
- 3 ciruelas dulces grandes y maduras
- 2 cucharadas de azúcar demerara
- 4 cucharadas de agua
- 2 manzanas dulces
- 1 taza de azúcar granulada
- jugo y ralladura finamente rallada de ½ limón
- 5 yemas de huevo
- ½ taza más 2 cucharadas de crema espesa

**INSTRUCCIONES:**

a) Deshuesar y picar las ciruelas y ponerlas en una cacerola pequeña con el azúcar demerara y el agua. Cocine a fuego lento hasta que las ciruelas estén blandas pero sin desmoronarse.

b) Reserva la mitad de las ciruelas para que se enfríen, luego agrega las manzanas peladas, sin corazón y ralladas a la cacerola. Continúe cocinando hasta que la fruta esté lo suficientemente blanda para licuarla o triturarla. Enfriar completamente.

c) Caliente lentamente el azúcar granulada con el jugo de limón en otra cacerola pequeña hasta que el azúcar se haya disuelto. Hervir durante 2 a 3 minutos, luego retirar del fuego. Batir las yemas de huevo en un bol grande hasta que hayan duplicado su tamaño. Luego mezcle lentamente el jarabe de azúcar de limón y la ralladura de limón, y continúe batiendo hasta que esté espeso y cremoso. Enfriar completamente.

d) Cuando tanto el puré de frutas como la mezcla de huevo estén fríos, monte la nata hasta que forme picos. Doble cuidadosamente primero la mezcla de frutas y luego la crema batida en las yemas de huevo batidas. Vierta en un recipiente pequeño y profundo para congelar y congele hasta que se congele por los lados.

e) Batir con un tenedor hasta que quede suave y luego congelar hasta que esté firme pero no duro.

f) Para servir, ponga una cucharada de las ciruelas cocidas reservadas en la base de vasos fríos, agregue unas cucharadas de parfait y cubra con más ciruelas. Sirva inmediatamente o enfríe brevemente.

## 47. Parfait de tarta de manzana y quinoa

Rinde: 6 porciones

**INGREDIENTES:**
- 1 taza de yogur griego
- 1 manzana, picada
- ¼ taza de quinua seca
- ½ cucharada de canela
- ½ cucharadita de nuez moscada
- ½ cucharadita de sal
- 1 cucharada de azúcar moreno

**INSTRUCCIONES:**
a) Precaliente el horno a 375.
b) Combine la manzana picada, el azúcar moreno, ¼ de cucharada de canela, ¼ de cucharadita de nuez moscada y ¼ de cucharadita de sal en un plato apto para horno.
c) Ase las manzanas hasta que estén blandas y caramelizadas, unos 15-20 minutos.
d) Combine la quinua seca con la canela restante, la nuez moscada y la sal.
e) Cocine según las instrucciones.
f) Cuando las manzanas y la quinua se hayan enfriado, colócalas en un vaso con yogur griego.
g) Si lo desea, mezcle yogur con canela y miel para cubrir.

## 48. Parfait de frutas amaretto

Rinde: 1 porción

**INGREDIENTES:**
- Trozos de fruta fresca o bayas enteras
- ¼ de cucharadita de Amaretto
- Agua mineral con gas fría

**INSTRUCCIONES:**
a) Coloque trozos de fruta fresca o bayas enteras en copas de vino de tallo largo.
b) Espolvorea con ¼ de cucharadita de amaretto, si lo deseas, luego cubre la fruta con agua mineral con gas fría.

## 49. Parfait de crema de plátano

Rinde: 4 porciones

**INGREDIENTES:**
- Paquete de 3 ½ onzas de mezcla de pudín instantáneo de plátano
- 2 tazas de leche fría
- ½ taza de migas de galleta Graham
- 2 plátanos, en rodajas
- Crema batida
- 4 cerezas al marrasquino

**INSTRUCCIONES:**
a) Prepare el budín de acuerdo con las instrucciones del paquete, utilizando las 2 tazas de leche fría.
b) Espolvorea 1 cucharada de migas de galleta Graham en cada uno de los cuatro vasos de postre.
c) Cubra las migas con ¼ de taza de budín preparado y la mitad de las rodajas de plátano.
d) Repita las capas de migas, budín y rodajas de plátano.
e) Cubra cada postre con una cucharada de crema batida y decore con una cereza, si lo desea.

## 50. Parfait de la selva negra

Rinde: 6 porciones

**INGREDIENTES:**
- 3 onzas de queso crema Neufchatel
- 2 tazas de leche descremada fría
- Paquete de 3 onzas de pudín de chocolate instantáneo sin azúcar Jell-O
- 1 cucharada de maicena
- ⅓ taza de jugo de cereza
- 1 lata de cerezas rojas amargas sin hueso
- 1 libra de agua
- 6 paquetes de edulcorante igual

**INSTRUCCIONES:**
a) Mezcle el queso crema con ¼ de taza de leche a baja velocidad con una batidora eléctrica, hasta que quede suave. Agregue la leche restante y la mezcla de pudín. Mezclar durante 1 o 2 minutos o hasta que quede suave.
b) Mezcle la maicena en el jugo de cereza hasta que se disuelva. Agregue a las cerezas y cocine hasta que hierva durante 1 minuto.
c) Retire del fuego y agregue Equal.
d) Alternativamente, vierta pudín y cerezas en platos parfait, terminando con pudín. Adorne con 2 cerezas.

## 51. **Parfait de capuchino**

Rinde: 6 porciones

**INGREDIENTES:**
- 1 cucharadita de café instantáneo
- ¼ de cucharadita de agua
- 1 taza de cobertura batida descongelada
- 1 paquete de pudín y relleno para pasteles instantáneos con sabor a chocolate o vainilla marca JELL-O sin azúcar
- 2% de leche baja en grasa

**INSTRUCCIONES:**
a) Disolver el café en agua.
b) Agregue la cobertura batida descongelada.
c) Prepara el relleno para pay JELL-O como se indica usando leche descremada al 2%.
d) Dejar reposar durante 5 minutos.
e) Sirva el pudín y la cobertura batida alternativamente en 6 copas de postre.
f) Refrigere hasta que esté listo para servir.

## 52. Parfaits de champán y jugo de naranja

Rinde: 8 porciones

**INGREDIENTES:**
- 2 copas de champán o vino blanco espumoso
- 2 taza de jugo de naranja
- ⅓ taza de azúcar granulada
- 2 cucharadas de miel liquida
- 2 cucharadas de gelatina sin sabor
- ¼ taza de agua fría
- 4 naranjas
- 2 taza de fresas
- 8 ramitas de menta

**INSTRUCCIONES:**
e) En una cacerola, caliente suavemente el champán, el jugo de naranja, el azúcar y la miel, revolviendo. Mientras tanto, en una cacerola pequeña, espolvorea gelatina sobre agua fría y deja reposar durante 5 minutos. Caliente a fuego medio-bajo hasta que se derrita y agregue la mezcla de jugo de naranja. Cocine a fuego lento durante 1 minuto. No permita que hierva.

f) Divida aproximadamente ½ taza entre ocho copas de martini o de boca ancha de 1 taza.

g) Refrigera por unas 2 horas o hasta que cuaje. Vierta la mezcla restante en un tazón grande y deje reposar a temperatura ambiente durante 1 hora o hasta que tenga la consistencia de las claras de huevo.

h) Mientras tanto, corte la cáscara y la médula de las naranjas y corte entre la membrana y la pulpa para liberar las secciones. Coloque en un tazón. Reserve 8 fresas para decorar, corte en cuartos las bayas restantes y agréguelas a las naranjas. Vierta sobre la gelatina en vasos.

i) Con una batidora de mano, bata la mezcla de jugo de naranja restante hasta que esté espumosa y pálida, y divídala en vasos.

j) Refrigere durante aproximadamente 1 hora o hasta que cuaje o hasta por 24 horas. Cubra cada uno con la fresa reservada y la ramita de menta.

## 53. Parfaits de café y toffee

Rinde: 6 porciones

**INGREDIENTES:**
- 3 tazas Café Leche Helada

**CARAMELO CRUGIENTE**
- 6 cucharadas de cobertura batida congelada reducida en calorías, descongelada
- ½ taza de azúcar moreno oscuro compactado
- ¼ taza de almendras rebanadas
- 2 cucharaditas de margarina en barra, suavizada
- Aerosol vegetal para cocinar

**INSTRUCCIONES:**
a) Vierta ¼ de taza de Coffee Ice Milk en cada uno de los 6 vasos de parfait, cubra cada uno con 2 cucharadas de Toffee Crunch.
b) Repita las capas y cubra cada parfait con 1 cucharada de cobertura batida. Congelar hasta que esté listo para servir. Rinde: 6 porciones.

**PARA EL CRUJIENTE DE CARAMELO:**
c) Combine el azúcar, las almendras y la margarina en un procesador de alimentos y pulse 10 veces o hasta que las nueces estén finamente picadas. Presione la mezcla en un círculo de 7 pulgadas en una bandeja para hornear cubierta con aceite en aerosol.
d) Ase a la parrilla durante 1 minuto hasta que burbujee pero no se queme. Retire del horno y deje reposar durante 5 minutos. Voltee suavemente el caramelo con una espátula ancha y ase por un minuto más.
e) Retirar del horno y dejar enfriar. Rompa la mezcla de caramelo en trozos de ½ pulgada.

## 54. Tartas de ponche de huevo

Rinde: 6 porciones

**INGREDIENTES:**
- 1 paquete de gelatina sabor limón
- 1 taza de agua caliente
- 1 pinta de helado de vainilla
- ¼ cucharadita de nuez moscada
- ¾ cucharadita de sabor a ron
- 2 yemas de huevo bien batidas
- 2 claras de huevo batidas a punto de nieve
- 4 a 6 tartaletas de hojaldre horneadas
- Crema batida Decorettes de caramelo

**INSTRUCCIONES:**
a) Disolver la gelatina en agua caliente.
b) Corte el helado en 6 trozos, agréguelo a la gelatina y revuelva hasta que se derrita. Enfríe hasta que esté parcialmente listo.
c) Agregue nuez moscada y saborizante.
d) Agregue las yemas de huevo y doble las claras de huevo.
e) Vierta en tartaletas enfriadas y enfríe hasta que cuaje.
f) Cubra con crema batida y espolvoree con decorettes de caramelo.

## 55. Parfait helado de regaliz y grosella negra

Rinde: 1 porción

**INGREDIENTES:**
- 5 yemas de huevo
- 120 gramos de azúcar glass
- 400 ml Crema doble
- 1 hoja de gelatina, remojada en agua fría
- 8 moldes Dariole
- 250 gramos Grosellas negras
- 100 gramos de azúcar glass
- 150 gramos de regaliz picado
- ½ pinta de agua

**INSTRUCCIONES:**
a) En una cacerola pequeña, disuelva el regaliz en medio litro de agua a fuego lento.
b) Agrega la hoja de gelatina remojada, luego pásala por un colador fino y reserva. En una licuadora, mezcle las grosellas negras y el azúcar glas, páselo por un colador fino y luego déjelo a un lado.
c) Poner el azúcar impalpable y el agua en una cacerola y llevar a ebullición.
d) Baje el fuego y cocine a fuego lento. Usando un termómetro de azúcar, permita que el azúcar alcance la etapa de mermelada.
e) Ponga las yemas en una batidora y comience a batir.
f) A medida que se vuelven esponjosos, agregue el jarabe de azúcar caliente y bata hasta que se enfríe.
g) En otro tazón, bata la crema hasta obtener una consistencia espesa.
h) Vierta ⅔ de la salsa de grosella negra y doble suavemente.
i) Agregue la mezcla fría de huevo y dóblela.
j) Finalmente, rocíe el jarabe de regaliz y doble.
k) Verter en moldes y congelar durante 12 horas.
l) Para servir, sumerja los moldes en agua caliente y sacúdalos en un plato.
m) Servir con la salsa de grosella negra restante.

## 56. Parfaits de jengibre y ruibarbo

Rinde: 4 porciones

**INGREDIENTES:**
- 3 tazas de ruibarbo fresco picado o
- 12 onzas de ruibarbo picado congelado, descongelado
- ¾ taza de azúcar moreno bien compactado
- ¼ taza de jugo de naranja
- 2 cucharadas de jengibre cristalizado picado
- 2 tazas de yogurt helado sin grasa de vainilla
- ramitas de menta fresca
- Jengibre cristalizado en rodajas

**INSTRUCCIONES:**

a) Combine los primeros 4 INGREDIENTES: en una cacerola mediana y revuelva bien.

b) Lleve a ebullición a fuego medio-alto, reduzca el fuego y cocine a fuego lento, sin tapar, durante 4 minutos o hasta que el ruibarbo esté tierno.

c) Coloque la mezcla de ruibarbo en un procesador de alimentos, procese hasta que quede suave y enfríe.

## 57. Parfait helado de amapola

Rinde: 1 porción

**INGREDIENTES:**
- 6 0 g de semillas de amapola
- 125 ml Leche
- 375 ml Crema doble
- 4 yemas de huevo
- 2 huevos
- 100 gramos de azúcar glas
- Hielo

**INSTRUCCIONES:**
a) Cocine a fuego lento las semillas de amapola en la leche hasta que se reduzcan.
b) Combine las yemas de huevo, los huevos enteros y el azúcar sobre agua hirviendo, batiendo hasta que la mezcla tenga una textura de merengue. Agregue las semillas de amapola.
c) Retire del fuego y siéntese en una cacerola con hielo.
d) Batir la crema doble y agregarla suavemente a la mezcla de huevos para cocinar.
e) Verter en una terrina o molde y congelar durante al menos 6 horas.

## 58. Frascos de parfait de desayuno con pera, chía y pistacho

Marcas: 2

**INGREDIENTES:**

**PUDIN DE PERA Y CHIA:**
- ¼ taza de puré de pera
- ⅓ taza de vainilla sin azúcar o leche de almendras sin azúcar
- 3 cucharadas de semillas de chía
- Budín de pera y aguacate:
- 1 aguacate maduro
- 1-2 cucharaditas de miel o néctar de coco, dependiendo de la dulzura preferida
- 2 cucharadas de puré de pera

**CAPAS RESTANTES Y GUARNICIONES:**
- ½ taza de tu granola favorita
- ½ taza de yogur natural de coco o yogur griego de vainilla
- ¼ taza de pera fresca picada
- 2 cucharadas de pistachos picados
- 2 cucharaditas de miel o néctar de coco

**INSTRUCCIONES**

a) Comience preparando el pudín de pera y chía agregando todos los ingredientes a un tazón, mezcle hasta que estén bien combinados, luego deje reposar en el refrigerador durante 15-20 minutos para que espese.

b) A continuación, prepare el pudín de aguacate y pera agregando todos los ingredientes a un procesador de alimentos pequeño o bala de bebé y pulse hasta que la mezcla esté suave. Pruebe el sabor y agregue más miel/néctar de coco si prefiere que el budín de aguacate sea más dulce.

c) Una vez que el pudín de chía se haya espesado, revuélvelo y estarás listo para colocar todos los ingredientes en capas.

d) Usando dos frascos de 8 onzas, divida la granola, el yogur, el pudín de chía y el pudín de aguacate, colocándolos en capas en el arreglo que prefiera entre los dos frascos.

e) Termine cubriendo cada frasco con 2 cucharadas de pera fresca picada y 1 cucharada de pistachos picados, luego rocíe cada frasco con 1 cucharadita de miel o néctar de coco.

## 59. Parfait de Oreo de naranja y piña

Rinde: 4 porciones

**INGREDIENTES:**
- 2 naranjas, peladas y cortadas
- 1 taza de trozos de piña enlatados
- 1 cucharadita de raíz de jengibre rallada
- Hojas de menta, para decorar
- 4 galletas Oreo

**INSTRUCCIONES:**
p) En un tazón pequeño, combine las naranjas, la piña y el jengibre; revuelva para cubrir.
q) Divida en cuatro copas de parfait.
r) Decora con menta y sirve con Oreos.

## 60. Parfaits de crema de chocolate con cerezas Oreo

Rinde: 1 porciones

**INGREDIENTES:**
1 paquete (4 porciones) de gelatina de cereza
1 taza de agua hirviendo
1 taza de agua fría
7 galletas sándwich de chocolate Oreo cubiertas de dulce de azúcar; dividido
1½ taza de cobertura batida preparada

Disuelva la gelatina en agua hirviendo; agregue agua fría. Vierta en un molde para hornear de 8 x 8 x 2 pulgadas. Enfriar hasta que esté firme.

Pica en trozos grandes 5 galletas; doblar en cobertura batida. Cortar la gelatina en cubos.

Coloca la mitad de los cubos de gelatina en 4 vasos de parfait; Cubra con la mitad de la mezcla de cobertura batida. Repita las capas. Enfriar hasta el momento de servir. Reduzca a la mitad las galletas restantes; utilizar para adornar parfaits.

## 61. Parfait de aguacate y oreo

Hace: 1 porción

**INGREDIENTES:**
- 1 aguacate
- 1 paquete de Oreo
- 1/2 taza de avena
- 1 taza de yogur natural

**INSTRUCCIONES:**
a) Picar el aguacate en trozos pequeños del tamaño de un bocado
b) Agregue los aguacates en el fondo del vaso. Agregue avena y presione suavemente para crear una capa plana y uniforme. Vierta el yogur natural encima de la avena. Añadir Oreo trituradas
c) Adorne con más aguacate picado y una pizca de avena.
d) Disfrutar.

## 62. Parfait de granola de arándanos

**INGREDIENTES:**
1/2 vaso de yogur
1/2 taza de granola
3 cucharaditas de jarabe de arándanos
Unos arándanos para decorar

**INSTRUCCIONES:**
Coloque un poco de sirope o miel, yogur, granola y los arándanos como desee en un vaso.
¡Disfruta de tu delicioso parfait!

## 63. Parfait de terciopelo rojo

**INGREDIENTES:**
- pedazos de pastel de terciopelo rojo
- 200 ml de yogur (sabor a elección)

**INSTRUCCIONES:**
Ponga 3 cucharadas de yogur en un vaso y agregue algunos trozos de pastel.
Poner un poco de yogur sobre los trozos de bizcocho y repetir hasta llenar el vaso.
Decorar y disfrutar.

## 64. Parfait de galletas de plátano y jengibre

**INGREDIENTES:**

1/2 vaso pequeño de yogur de fresa
1/2 vaso pequeño de yogur de vainilla
10 piezas de galletas de jengibre
3 plátanos grandes

**INSTRUCCIONES:**
En un vaso... vierte tus migas de galletas en el fondo del vaso (aplasta tus 8 galletas...) presiona las migas para que aguante el yogur.
A continuación, añadir yogur de fresa... Añadir migas de bizcocho... Cortar los plátanos en forma redonda y disponerlos sobre las migas...
Agregue el yogur de vainilla encima de los plátanos.
Alterna tus ingredientes hasta que termines.

## 65. Parfait de naranja y muesli

**INGREDIENTES:**
- media naranja
- 3-4 cucharadas muesli
- Unas galletas de cereales
- 250 g de yogur griego

**INSTRUCCIONES:**

a) En un vaso o tazón, ponga 2-3 cucharadas. de yogur griego, agregue las galletas de cereal, luego agregue las naranjas cortadas en cubitos o en rodajas, luego el muesli.

b) Ahora agregue nuevamente el yogur y repita el proceso hasta que el vaso / tazón deseado esté lleno.

## 66. Parfait de atún con gazpacho

Rinde: 6 porciones

**INGREDIENTES:**
- 1 libra de filete de atún
- 2 cucharadas de aceite de oliva
- 1 sal; probar
- 1 pimienta negra recién molida; probar
- ½ gazpacho básico
- 1 salsa de gazpacho
- ½ taza de hojas de cilantro recogidas
- 1 gajos de lima
- ¼ taza de crema agria sazonada

a) Cortar el filete de atún en dados pequeños. Mezcle con el aceite de oliva y la sal y la pimienta.
b) Llena el fondo de cada vaso de parfait con 1 cucharada de gazpacho.
c) Cubra con 2 cucharadas de atún cortado en cubitos, cubra eso con 1 cucharada de condimento, continúe hasta que los vasos estén llenos.
d) Cubra con las hojas de cilantro recogidas, las rodajas de lima, una cucharada de crema agria y un picatostes.

## 67. Parfait de atún y caviar

Rinde: 1 porciones

**INGREDIENTES:**
- 4 onzas de atún ahi fresco; finamente picado
- 2 chorritos de salsa de pimienta Tabasco
- 1 cucharada de cebollín finamente picado
- 1 cucharadita de aceite de oliva
- Sal y pimienta para probar
- 2 onzas de wasabi tobiko y/o caviar
- 1 cucharada de crema batida; sin azúcar
- 8 cebolletas

En un tazón bien frío, mezcle el atún, la salsa de pimienta Tabasco, las cebolletas, el aceite de oliva y la sal y la pimienta. En un vaso de parfait, alterna capas de mezcla de atún, wasabi tobiko y caviar. Cubra con crema batida y dos cebolletas.

## 68. Parfait de desayuno suizo

Rinde: 4 porciones

**INGREDIENTES:**
- 1 taza de avena Quaker, sin cocer (rápida o pasada de moda)
- 16 onzas de yogur de vainilla sin grasa o bajo en grasa
- 8 onzas de piña triturada en jugo sin escurrir
- 2 cucharadas de almendras fileteadas (opcional)
- 2 tazas de fresas en rodajas frescas o congeladas

a) En un tazón mediano, combine la avena, el yogur, la piña y las almendras; mezclar bien.
b) Cubra, refrigere durante la noche o hasta 4 días. Para servir, coloque en capas la mezcla de avena y las fresas en 4 vasos de parfait. Adorne con fresas adicionales, si lo desea. Servir frío.

## 69. Pastel de Pentecostés con parfait

Rinde: 8 porciones

**INGREDIENTES:**
- 4 claras de huevo
- 75 gramos de almendra dulce
- 1½ decilitro de azúcar
- 75 gramos de chocolate negro para cocinar

**PARFAIT**
- 125 gramos Chocolate light para cocinar
- 2 cucharadas de miel liquida
- 3 yemas de huevo
- 1 cucharada de licor de café
- ½ decilitro de azúcar en polvo

**GUARNACIÓN**
- ¾ decilitro de Nata
- Algunas frutas o bayas frescas
- 75 gramos de chocolate blanco para cocinar
- Chocolate ligero para cocinar

a) Picar las almendras y el chocolate negro.
b) Batir las claras de huevo a una espuma. Agregue el azúcar por turnos y siga batiendo hasta formar una espuma. Revuelva las almendras y el chocolate picado.
c) Extender la mezcla en un molde para horno con fondo desmontable engrasado y espolvoreado con pan rallado. Hornee en el medio del horno durante unos 25-30 minutos.
d) Deje que el pastel se enfríe y luego desmóntelo. Lave el molde para hornear y vuelva a colocar el pastel boca abajo.
e) Partir el chocolate al parfait en trocitos pequeños y ponerlos en un bol. Derretir el chocolate al baño maría.
f) Batir las yemas de huevo y el azúcar muy ligero y esponjoso. Añadir la miel líquida. Batir la nata en otro bol hasta obtener una espuma.

g) Revuelva algunas cucharadas de crema y posiblemente el licor de café en la mezcla de huevo. Agregue el chocolate derretido en un chorro fino mientras revuelve. Remueve finalmente el resto de la nata.

h) Extienda la mezcla de parfait sobre el pastel. Ponlo en el congelador, al menos durante 3 horas.

i) Cortar el chocolate blanco en trocitos pequeños. Llevar la crema a ebullición en una cacerola pequeña. Retirar la cacerola del fuego y poner el chocolate. Deje que se derrita y revuelva. Deja que la guarnición se enfríe.

j) Enrolle la guarnición espesa sobre el pastel. Vuelva a colocar el pastel en el congelador y déjelo reposar allí durante al menos una hora más.

k) Saca la tarta del congelador unos 15 minutos antes de disfrutarla. Adorne con rebanadas de chocolate para cocinar y posiblemente bayas o frutas frescas.

## 70. Parfait de uvas de verano

Rinde: 2 porciones

**INGREDIENTES:**
- 1 taza de uvas sin semillas
- 1 recipiente de 8 onzas de limón
- yogur sin grasa

a) Doble, coloque en vasos de parfait y refrigere hasta que los necesite (o refrigere los ingredientes, combine y sirva mientras aún está frío). Si quiere ser aún más elegante, siéntase libre de colocar los ingredientes en capas.

b) La combinación de yogur de limón y uvas es increíblemente refrescante y rica.

## 71. Parfait de boniato

Rinde: 1 porciones

**INGREDIENTES:**
- 2 batatas grandes
- ¼ taza de jugo de manzana sin filtrar
- 2 cucharadas de copos de agar-agar
- ½ taza de malta de cebada
- ¼ taza de jarabe de arce
- 2 cucharadas de extracto de vainilla
- ¼ de cucharadita de sal marina
- ½ cucharadita de canela molida
- ¼ de cucharadita de nuez moscada rallada
- ½ cucharadita de pimienta de Jamaica molida
- ¼ de cucharadita de clavo molido
- 2 cucharadas de kuzu
- 1 taza de nueces en trozos; Cortado
- Crema De Nueces

a) PELA Y CORTA las batatas y colócalas en una cacerola de 4 cuartos con 2 tazas de agua. Cubra, hierva y cocine hasta que las papas estén tiernas, aproximadamente 25 minutos; escurrir bien.
b) En una cacerola mediana, combine el jugo de manzana, ½ taza de agua y hojuelas de agar-agar y deje reposar 10 minutos. Llevar a fuego lento a fuego medio y cocinar durante 10 minutos.
c) En un tazón mediano, combine la malta de cebada, el jarabe de arce, 1 cucharada de extracto de vainilla, sal, canela, nuez moscada, pimienta de Jamaica y clavo. Añadir a la mezcla de agar-agar y remover bien.
d) En un recipiente aparte, disuelva bien el kudzu en 3 cucharadas de agua y, revolviendo enérgicamente con un batidor, agréguelo a la mezcla de agar-agar.
e) Esto lo espesará para formar un jarabe; continúe cocinándolo a fuego lento durante 15 minutos.
f) Haga puré de batatas escurridas en un procesador de alimentos con la 1 cucharada restante de extracto de vainilla. Vierta el almíbar en las batatas y procese varios minutos o hasta que quede suave.
g) Transfiera a una cacerola poco profunda, lleve a temperatura ambiente y luego refrigere hasta que cuaje, aproximadamente 1 hora. Mezcle el budín en un procesador de alimentos durante varios minutos.
h) Coloque las nueces picadas en una bandeja para hornear y tueste en un horno a 350 F durante 10 minutos. Vierta capas alternas de budín y crema de pecanas en vasos de parfait.
i) Cubra cada uno con nueces tostadas picadas.

## 72. Parfait de brunch de frutas tropicales

Rinde: 4 porciones

**INGREDIENTES:**
- 1 lata de ensalada de frutas tropicales (15 1/4 oz)
- 1 taza de requesón sin grasa
- 1 paquete de yogur de durazno sin azúcar sin grasa
- ¼ taza de pasas
- ½ taza de granola natural sin grasa

a) ESCURRE la ensalada de frutas tropicales.
b) COMBINA el requesón, el yogur y las pasas.
c) CAPA en 4 vasos: mezcla de requesón, ensalada de frutas y granola.

## 73. Parfait de arroz con leche

Rinde: 8 porciones

**INGREDIENTES:**
- 4 tazas de leche
- ½ taza de arroz blanco de grano largo
- ¼ taza más 2 cucharadas de azúcar
- ¼ de cucharadita de sal
- 1 cucharadita de maicena
- 2 cucharaditas de agua
- 3 pintas de fresas, sin cáscara, en cuartos, reserve 8 para decorar
- 1 taza de azúcar
- 2 huevos
- 1 cucharadita de vainilla

a) Ponga a hervir la leche, el arroz, el azúcar y la sal en una cacerola. Calor más bajo; cocine a fuego lento, tapado, 1 hora o hasta que el arroz esté muy tierno, revolviendo ocasionalmente.

b) Mientras tanto, prepare la salsa: combine la maicena y el agua en un tazón. Combine las bayas y el azúcar en una cacerola; cocine, revolviendo, a fuego medio durante 8 minutos.

c) Colar, reservando las fresas y el líquido por separado. Haga puré el líquido y la mitad de las bayas en un procesador o licuadora. Regrese el puré a la cacerola. Agregue las bayas restantes y la mezcla de maicena. Caliente, revolviendo, hasta que espese, aproximadamente 3 minutos. Coloque en el refrigerador hasta que esté bien frío.

d) Batir ligeramente los huevos en un tazón pequeño; agregue un poco de mezcla de arroz caliente a los huevos.

e) Revuelva de nuevo en la mezcla de arroz. Vuelva al fuego. Cocine a fuego lento hasta que el budín se espese, aproximadamente 3 minutos. Agrega vainilla. Cubrir; refrigere hasta que cuaje.

f) En un vaso parfait, vierta 1 cucharada de salsa, ⅓-½ taza de budín; Cubra con 2 cucharadas de salsa. Adorne con una baya. Repita con 7 vasos más. Atender.

## 74. Parfaits de remolinos de frambuesa

Rinde: 6 porciones
**INGREDIENTES:**
- 3 huevos grandes
- 2½ cucharada de azúcar
- 2½ cucharada de miel
- ¾ taza de crema espesa bien fría
- ½ taza de nueces, ligeramente tostadas, enfriadas y picadas
- 6 rizos de chocolate, si lo desea
- dos paquetes de 10 onzas. frambuesas congeladas en almíbar ligero, descongeladas
- frambuesas frescas si están disponibles para decorar

a) En un procesador de alimentos, haga puré las frambuesas descongeladas, con el almíbar, pase la mezcla a través de un colador fino en una cacerola pesada, presione con fuerza sobre los sólidos, y hierva el puré de frambuesa, revolviendo ocasionalmente, hasta que se reduzca a aproximadamente 1 taza. Dejar enfriar y enfriar.

b) En un tazón de metal, mezcle los huevos, el azúcar y la miel, coloque el tazón sobre una cacerola con agua hirviendo a fuego lento y bata la mezcla hasta que esté pálida, espesa y registre 160 F en un termómetro para dulces.

c) Bate la mezcla sobre un tazón más grande con hielo y agua fría hasta que esté fría, en otro tazón bate la crema hasta que tenga picos rígidos, e incorpora la crema y las nueces a la mezcla de huevo suave pero completamente.

d) Vierta el puré de frambuesa y la mezcla de huevo de forma decorativa en vasos de 6 onzas, haga remolinos con una brocheta de madera y congele los parfaits, tapados, durante la noche.

e) Los parfaits se pueden preparar con 2 días de antelación y conservar tapados y congelados. Deje reposar los parfaits durante 15 minutos antes de servir.

f) Disponer los rizos de chocolate y las frambuesas frescas de forma decorativa sobre los postres helados.

## 75. Parfait de granizado de cerveza de raíz y vainilla

Rinde: 1 porciones

**INGREDIENTES:**
- 6 tazas de cerveza de raíz; (1 1/2 cuartos)
- 1 litro de helado de vainilla
- 4 pajillas de codo

a) El día antes de que planee servir, vierta 4 tazas de cerveza de raíz en bandejas de cubitos de hielo a una profundidad de no más de ½ pulgada (mantenga la cerveza de raíz restante refrigerada hasta que esté lista para servir). Congele durante la noche, junto con vasos altos y delgados o vasos parfait para servir.
b) Cuando esté listo para servir, desmolde los cubos en un procesador de alimentos equipado con la cuchilla para medallas. Procese, pulsando, solo hasta triturar.
c) Coloque una pajilla en cada vaso, inclinándose a lo largo del costado. Coloque los parfaits en capas alternando bolas de granizado de cerveza de raíz y helado de vainilla, terminando con una bola de helado en la parte superior.
d) Sirva con una jarra de la cerveza de raíz restante y vierta la cerveza de raíz hasta la parte superior de cada parfait en la mesa.

# TONTOS DE FRUTAS

## 76. Tonto de bayas

**INGREDIENTES:**
- 1 paquete (12 onzas) de frambuesas o fresas congeladas (no en almíbar), descongeladas
- 1/4 taza más 1 cucharada de azúcar, cantidad dividida
- 1 taza de crema batida espesa

**Direcciones**

a) En una licuadora o procesador de alimentos, combine las frambuesas o fresas con 1/4 taza de azúcar. Procese hasta que las bayas se hagan puré, raspando los lados cuando sea necesario.

b) En un tazón grande, bata la crema espesa con una batidora hasta que se formen picos suaves. Agregue la cucharada de azúcar restante y continúe batiendo hasta que se formen picos rígidos.

c) Usando una espátula de goma, agregue suavemente el puré de frambuesa, dejando algunas rayas de crema batida blanca. Sirva en cuatro vasos de parfait individuales. Refrigere por 2 horas y luego sirva.

## 77. Tonto de plátano y papaya

Rinde: 8 porciones

**INGREDIENTES:**
2 plátanos maduros; pelado y cortado en dados de 1/2 pulgada
1 papa; pelado, cortado a la mitad, sin semillas y cortado en dados de 1/2 pulgada
1 cucharada de ron oscuro
2 cucharadas más 1/4 taza de azúcar blanca granulada
1 taza de crema espesa
½ pinta de frambuesas
½ taza de coco tostado
En un tazón mediano, mezcle el plátano, la papaya, el ron y 2 cucharadas de azúcar. Haga puré la mitad de esta mezcla en un procesador de alimentos equipado con una hoja de metal; Regrese el puré al tazón y mézclelo con la fruta picada restante. Batir la crema a picos suaves; agregue ¼ de taza de azúcar a la crema, 1 cucharada a la vez, y continúe batiendo hasta que forme picos rígidos. Incorpore la mezcla de frutas a la crema batida hasta que esté completamente incorporada. Sirva en tazones o copas individuales o en un tazón de costura grande. Decorar con frambuesas y coco tostado.

## 78. **tonto de arándano**

Rinde: 6 porciones

**INGREDIENTES:**
Lata de 16 onzas de salsa de arándanos en gelatina
1 cucharada de cáscara de naranja rallada
1 cucharadita de extracto de almendras
1 taza de crema espesa, batida -O-
1 x 8 onzas de látigo fresco

Mezcle los tres primeros ingredientes con un batidor o un tenedor. Agregue crema batida o látigo frío. Rellene parfait o platos de postre.
Enfriar hasta que cuaje. Adorne con crema batida y una rodaja de naranja.
También se puede usar a temperatura ambiente como salsa de frutas.

## 79. tonto de grosella

Rinde: 6 porciones

**INGREDIENTES:**
1½ libras de grosellas; tarta verde
Preferiblemente
1½ onza de mantequilla
55929 7. Mecanografiado por Heiko Ebeling.
Azúcar
6 onzas de crema doble
4 onzas de crema única

Retire la parte superior y las colas de las grosellas. Derrita la mantequilla en una sartén, agregue la fruta y 4 cucharadas colmadas de azúcar. Cubra bien la sartén y cocine a fuego lento hasta que las grosellas estén amarillas y lo suficientemente suaves como para triturarlas. Vierta en una jarra medidora. Poner la misma cantidad de nata en un bol y batir hasta que espese. Mezcle las grosellas y ajuste el edulcorante al gusto. Sirva en tazones pequeños con galletas de almendras o bizcochos.

Mucha gente piensa que "fool" viene del verbo francés "fouler", aplastar, que es lo que se le hace a las grosellas en esta receta.

Desafortunadamente, los etimólogos insisten en que es un nombre humorístico, como bagatela y whim-wham, que también significa bagatela.

## 80. tonto de guayaba

Rinde: 6 porciones

**INGREDIENTES:**
- 2 guayabas medianas maduras
- 4 cucharaditas de azúcar
- ¼ taza de crema espesa NO ultra pasteurizada
- Bayas, para decorar

a) Enjuague las guayabas y corte los extremos.
b) Cortar en trozos de 1 pulgada; colocar en un procesador de alimentos o licuadora con 4 t. azúcar. Haz un puré. Pruebe y agregue azúcar a su gusto.
c) Presione a través de un colador fino que no sea de aluminio.
d) Cubra y enfríe. Al momento de servir, bata la crema para formar picos suaves.
e) Incorporar suavemente al puré de frutas, creando remolinos y estrías; NO mezcle, pero mantenga los 2 sabores y texturas algo separados.
f) Cubra con bayas.

## 81. Tonto de coco de limoncillo

Rinde: 8 porciones

**INGREDIENTES:**
3 pulgadas de hierba de limón; rebanado
¾ taza de agua
1 huevo grande
2 cucharadas de maicena
⅓ taza de jugo de limón
¾ taza de miel
ralladura de 1 limón
1 cucharada de mantequilla o margarina
12 onzas de tofu sedoso Lite
¾ taza de leche de coco Lite
⅓ taza de azúcar
4 cucharaditas de claras de huevo en polvo
¼ taza de agua tibia

En un plato apto para microondas o una cacerola pequeña, combine la hierba de limón y ¾ de taza de agua y caliente hasta que hierva. Retire del fuego y deje reposar durante 15 a 20 minutos. En una cacerola, bata el huevo y la maicena hasta que quede suave. Cuele el líquido de hierba de limón en la mezcla de huevo junto con el jugo y la miel, batiendo para incorporar bien. Cocine a fuego medio, revolviendo constantemente, hasta que la mezcla se espese y burbujee, aproximadamente 20 minutos. Retire del fuego y agregue la ralladura y la mantequilla. Ponga a un lado hasta que se enfríe. Refrigere para acelerar el enfriamiento si lo desea. En un procesador de alimentos, combine el tofu, la leche de coco y el azúcar.

Procese hasta que quede suave. Dejar de lado. En un tazón grande, combine la clara de huevo en polvo y el agua tibia según las instrucciones del paquete; látigo a picos rígidos.

Doble suavemente las claras en la mezcla de tofu. Incorpore parcialmente la mezcla de limón enfriada, dejando remolinos de limón sin incorporar en la crema. Vierta en un plato grande para servir o en platos individuales. Enfriar varias horas o toda la noche.

## 82. Tonto de lima con fresas y kiwi

Rinde: 4 porciones

**INGREDIENTES:**
¼ taza de crema para batir
¼ taza de jugo de limón fresco
1 cucharadita de piel de lima rallada
6 onzas de chocolate blanco; Cortado
¾ taza de crema batida fría
3 cucharadas de azúcar
2 tazas de fresas sin cáscara en rodajas
2 kiwis; pelado, en rodajas finas
4 fresas enteras
4 rodajas de lima
2 y hasta 6 horas.

Traiga los primeros 3 INGREDIENTES: cocine a fuego lento en una cacerola pequeña y pesada. Reduzca el fuego a bajo. Agregue el chocolate y revuelva hasta que se derrita y esté suave. Vierta en un tazón mediano.

Refrigere hasta que se enfríe pero no cuaje, revolviendo ocasionalmente, aproximadamente 25 minutos.
Bate ¾ de taza de crema fría en otro tazón mediano hasta obtener picos suaves. Agregar el azúcar y batir hasta que esté firme. Incorpore la crema a la mezcla de chocolate blanco.
Coloque ¼ de taza de bayas en rodajas en cada una de las 4 copas de vino de 8 a 10 onzas o tazones de postre de vidrio altos. Presione 3 rodajas de kiwi contra los lados de cada vaso. Vierta ⅓ taza de la mezcla de crema en cada vaso. Coloque ¼ de taza de bayas en rodajas en el centro de cada una, presionando en el centro para que las bayas no se vean a los lados de los vasos. Vierta la crema restante encima; tapas lisas. Cubra y enfríe al menos. Para servir, con un cuchillo pequeño, haga cortes longitudinales en las fresas enteras sin cortar los extremos del tallo. Abanico 1 fresa encima de cada postre.
Coloque una rodaja de lima en el borde de cada vaso.

## 83. Tonto de mango y yogur

Rinde: 4 porciones

**INGREDIENTES:**
600 gramos de yogur griego; (1 libra 5 oz)
1 cucharada de jengibre fresco y jugos; rallado
1 cucharadita de cardamomo molido
2 mangos; pelado
150 mililitros Crema doble; (1/4 pinta)
2 cucharadas de azúcar en polvo
½ cucharadita de extracto de vainilla
Combine el yogur con el jengibre, sus jugos (siempre ralle el jengibre sobre un bol para recoger los jugos) y el cardamomo molido. Pica finamente 1 mango y reserva. Corta la carne de la otra y hazla puré en un procesador de alimentos. Para obtener un puré extrasuave, páselo por un colador de plástico fino. Mezcle el mango cortado en cubitos y haga puré con el yogur.

Montar la nata con el azúcar y la esencia de vainilla a punto de nieve. Incorpore la nata al yogur de mango. Vierta la mezcla en los vasos y refrigere hasta que se requiera.

## 84. Tonto de piña colada

Rinde: 6 porciones

**INGREDIENTES:**
1 taza de piña triturada sin azúcar escurrida
1½ taza de crema para batir
½ taza de coco rallado endulzado
1 cucharada de licor de coco o ron (optar)
ramitas de menta (opcional)

En una licuadora o procesador de alimentos, haga puré la mitad de la piña; agregar a la piña restante. En un recipiente aparte, bata la crema; incorpora la piña, el coco y el licor de coco (si lo usas).

Divida entre 6 vasos de tallo largo. Enfriar por 1 hora. Adorne con menta (si se usa).

## 85. Tonto de piña y macarrones

Rinde: 4 porciones

**INGREDIENTES:**
1 piña
10 onzas de crema doble; ligeramente azotado
4 cucharadas de yogur griego natural
3 cucharadas de azúcar glas; tamizado
4 bizcochos macarrones de almendras; desmoronado

Corta la piña por la mitad a lo largo y retira con cuidado la pulpa, manteniendo intacta la cáscara de la piña.
Cortar la carne en cubos pequeños y colocar en un bol.
Añadir la nata, el yogur, el azúcar y los macarons y mezclar bien.
Enfríe durante aproximadamente 30 minutos y vierta en las cáscaras de piña.
Disponer de arriba a abajo en un plato de servir y servir inmediatamente.

## 86. tonto de frambuesa

Rinde: 2 porciones

**INGREDIENTES:**
2 tazas de frambuesas en puré, endulzadas
Probar
1 cucharada de Kirsch o ron
1 taza de crema espesa, batida
Combine la fruta y el kirsch y mezcle con la crema batida. Enfriar bien.

Se pueden sustituir las frambuesas por otras bayas o frutas.

## 87. tonto de fresa

Rinde: 1 porciones

**INGREDIENTES:**
1½ fresa; descascarillado fresco; medio litro
½ taza de azúcar
2 gotas de jugo de limón
1 taza de Crema; flagelación
Haga puré de fresas, azúcar y jugo de limón en un procesador de alimentos con cuchilla de acero.

Batir la crema hasta que tenga picos rígidos; revuelva el puré en él hasta que la mezcla esté suave. Ajuste para la dulzura, si lo desea.

Refrigerar por varias horas antes de servir.

## 88. Tonto de ruibarbo y plátano

Rinde: 4 porciones

**INGREDIENTES:**
1 libra de ruibarbo
¼ taza de azúcar moreno, suave
1¼ cucharadita de jengibre, en conserva
2 plátanos grandes, en rodajas finas
2 claras de huevo
1 cucharada de azúcar, ricino
8 onzas Quark (queso blando)

Cocine y haga puré el ruibarbo, y deje que se enfríe. Agregue el azúcar, el jengibre y la mayor parte del plátano (deje un poco para decorar). Mezclar bien.

Poco a poco batir la mezcla en el quark. Incorporar las claras de huevo.

Transfiera a platos individuales y enfríe. Cubra con el resto del plátano y sirva. Disfrutar.

## 89. Tonto de frutas tropicales

Rinde: 2 porciones

**INGREDIENTES:**
1 lima
150 mililitros de nata para montar
1 lata de ensalada de frutas, en almíbar ligero, escurrida
2 cucharaditas de azúcar mascabado claro
1 lata de 425 gramos de mango en rodajas; (en almíbar ligero), escurrido
Galletas crujientes; servir

Pelar la piel de la lima, dejando la médula blanca y escaldar durante un minuto en una cacerola pequeña con agua hirviendo. Escurra y refresque con agua corriente fría para obtener un color vibrante.
Coloque la crema en un tazón y bata hasta que mantenga su forma y tenga picos suaves. Coloque la ensalada de frutas exóticas en un procesador de alimentos, exprima el jugo de lima y agregue el azúcar. Batir hasta obtener un puré e incorporar a la crema.
Corte la pulpa del mango en dados y divida la mitad entre dos elegantes copas colocadas en un plato.
Vierta la mitad de la mezcla de crema y espolvoree el resto del mango cortado en cubitos encima, terminando con el resto de la mezcla de crema, girando la parte superior sobre el vaso con una cuchara.
Decorar con un pequeño montón de corteza de lima reservada y servir de inmediato con unas galletas crujientes.

## 90. Tonto de mascarpone de fresa

Rinde: 4 porciones

**INGREDIENTES:**
4 pintas de fresas
1 taza de queso mascarpone fresco; o más
2 cucharaditas de vinagre balsámico
3 cucharadas de azúcar granulada
1 taza de crema espesa

Rebana las fresas y colócalas en un tazón. Agregue el vinagre balsámico y el azúcar y revuelva para distribuir. Dejar macerar alrededor de 1 hora. Retire 1 taza (o más) de fresas y reserve.

Coloque las bayas restantes en un procesador de alimentos junto con el mascarpone y procese hasta que quede suave. Batir la crema espesa hasta que esté batida y combinar suave pero completamente con la mezcla de mascarpone.

Divida las fresas en rodajas reservadas entre copas transparentes de 4 a 6 patas y cubra con la crema de mascarpone. Adorne con una baya entera.

## 91. Tonto de ruibarbo y jengibre

Rinde: 4 porciones

**INGREDIENTES:**
750 gramos de ruibarbo; cortar en piezas
75 gramos Azúcar moreno suave; (3 onzas)
Ralladura rallada y jugo de 1 naranja
1 cucharadita colmada de jengibre fresco; rallado
1 yogur griego de 200 mililitros
2 cucharadas de jengibre en conserva; picado muy fino

Precaliente el horno a 180 C, 350 F, Gas Mark 4.
Coloque el ruibarbo en una fuente para horno poco profunda, luego espolvoree el azúcar, la ralladura y el jugo de 1 naranja y el jengibre. Coloque en el horno y hornee durante 30-40 minutos. Dejar enfriar.
Ponga la mezcla de ruibarbo en una licuadora junto con el yogur griego y mezcle hasta obtener un puré.
Transfiera a platos adecuados para servir y decore con un poco de jengibre en conserva y sirva de inmediato.

**92. tonto de mango**

Rinde: 1 porciones

**INGREDIENTES:**
1 libra de mango pelado y picado; (guardar las pieles)
10 onzas de leche evaporada
8 semillas de cardamomo trituradas
3 cucharaditas de azúcar
1 taza de crema para batir

Ponga el mango picado en una licuadora y mezcle hasta que quede cremoso. Agrega el cardamomo triturado, el azúcar, la leche evaporada y la nata.
Licuar durante unos segundos. Convierta en las pieles de mango y enfríe en el refrigerador durante aproximadamente una hora. Sirva con un remolino de crema batida encima.

## 93. Tonto de fresa y ruibarbo

Rinde: 12 porciones

**INGREDIENTES:**
1 de cada White Cake Mix (tamaño de 2 capas)
1 pudín instantáneo de crema de coco o vainilla (4 porciones)
1 de cada huevos
¼ taza de agua
¼ taza de aceite Wesson
1 taza de coco rallado
⅓ taza de ron oscuro Bacardí
Crema
1 pudín instantáneo de crema de coco o vainilla (4 porciones)
⅓ taza de ron oscuro Bacardí
1 lata de 8 oz de piña triturada (en jugo)
1 de cada 9 o Recipiente de crema batida congelada, descongelada
6 tazas de ruibarbo picado en trozos de 1/2 pulgada
1½ taza de fresas
1 cucharadita de cáscara de limón rallada
3 cucharadas de jugo de limón
2 cucharadas de agua
1 taza de azúcar
2 tazas de crema para batir

En una cacerola de fondo grueso, combine el ruibarbo, las fresas, la cáscara y el jugo de limón, el agua y el azúcar. Cubra y cocine a fuego lento, revolviendo y ocasionalmente, hasta que la fruta esté tierna, aproximadamente 20 minutos.

Enfríe, haga puré y pruebe, agregando más (o menos) azúcar si lo desea.

(La receta se puede preparar con anticipación a este punto y refrigerar por 4 o 5 días). Batir la crema y doblar en la fruta. Se ve encantador servido en copas con tallo con cualquier galleta de mantequilla crujiente.

## 94. Tonto de plátano y bayas mixtas

**INGREDIENTES:**

350 g Bayas mixtas congeladas o descongeladas
Unos plátanos congelados o 1 o 2 pelados
75 g de azúcar en polvo
150 g de yogur estilo griego
150 ml Nata Para Montar (Crema Doble)

**INSTRUCCIONES:**

Pase las bayas por un tamiz de malla fina, o mezcle las bayas mezcladas en una licuadora eléctrica con un poco de yogurt estilo griego y luego use la parte posterior de una cuchara de postre para empujar el líquido espeso de bayas de frutas a través del tamiz de harina en una mezcla grande. bol.

Coloque las pepitas de bayas también en un lado y luego agregue los trozos de plátano en su taza Nutri Ninja, agregue las bayas mixtas purificadas suaves y luego mezcle hasta que estén todas mezcladas.

Vacíe en un tazón grande y luego agregue los 75 g de azúcar en polvo; mezcle con una cuchara de postre y luego agregue el yogur griego bastante espeso, 150 g.

Batir la nata doble en una batidora Kenwood con el accesorio para batir, o con un batidor eléctrico de mano (puede batir a mano, usando un batidor de globo) es importante no batir demasiado hasta el punto de hacer mantequilla casera. Una vez hecho esto, mezcle suavemente la crema espesa con una cuchara de postre, distribuya en varios tazones de postre, agregue algunas bayas crudas encima y un poco de hoja de menta y listo.

## 95. Tonto de melocotón y gelatina de melocotón

**INGREDIENTES:**
- 2 duraznos blancos
- 2 tazas de agua
- 2-3 cucharadas de jugo de limón
- 1/2 taza de azúcar en polvo
- 100 ml Vino Rosado O Limonada
- 1 cucharada (12 g) de gelatina en polvo
- 2-3 cucharadas de agua
- 1/2 taza de crema espesa, batida
- 2-3 cucharadas de azúcar en polvo
- Durazno extra para cubrir, opcional

**INSTRUCCIONES:**

a) Espolvorea gelatina en polvo sobre 2 o 3 cucharadas de agua en un tazón pequeño. Deje reposar durante 5-10 minutos.

b) Corte cada durazno en cuartos con piel, quite el hueso y colóquelo en una cacerola. Agregue agua, azúcar y jugo de limón a la cacerola y cocine a fuego lento durante 10 a 15 minutos hasta que esté suave.

c) Transfiera los duraznos cocidos a un tazón y reserve. Agregue la pasta de gelatina al almíbar caliente en la cacerola y mezcle bien hasta que la gelatina se disuelva. Agregue limonada o vino rosado y mezcle bien. Viértalo en vasos para servir y enfríe para que cuaje en la nevera.

d) Hacer tonto de melocotón. Retire la piel de los gajos de durazno cocidos y triture o procese hasta lograr la textura deseada, suave o gruesa. Agregue el azúcar y mezcle, luego combine con la crema batida.

e) Coloque el tonto de melocotón sobre la gelatina fija, luego coloque algunos trozos de melocotón encima.

## 96. Loco de piña

**INGREDIENTES:**
**CORTEZA**
2 1/2 taza de galletas tenis
1/2 taza de mantequilla derretida
**RELLENO**
2 tazas de azúcar glas
1 taza de queso crema
1 taza de crema batida
1 lata grande de piña triturada, escurrida completamente

**INSTRUCCIONES:**
Haga una corteza con galletas de tenis trituradas y mantequilla derretida y colóquela en un plato y refrigere
En la batidora, agregue el azúcar glas, el queso crema, la crema batida y la piña y mezcle bien hasta que quede esponjoso.
Vierta la mezcla húmeda sobre la corteza y refrigere.

## 97. Tonto de cereza y coco

**INGREDIENTES:**
150 g de cerezas dulces congeladas
1 lata de leche de coco entera
2 cucharadas de jarabe de arce

**INSTRUCCIONES:**
Pon la lata entera de leche de coco en la nevera durante media hora más o menos. Voltee la lata boca abajo y ábrala. Vierta el agua de coco separada en una jarra. Saque la crema que quedó y colóquela en un procesador de alimentos o en un tazón grande.
Ponga sus cerezas en una cacerola, agregue 3 cucharadas de agua de coco de la jarra. Caliente las cerezas hasta que burbujeen y comiencen a reducirse y ponerse pegajosas. Retirar del fuego y enfriar en un bol o en un plato.
Batir la crema de coco y el jarabe de arce hasta que la crema esté suave y un poco aireada. Luego agregue 2/3 rojos de su mezcla de cereza enfriada. Coloque el tonto en un plato para servir (2 platos si no es tan codicioso como yo) y enfríe durante 30 minutos.
¡Cubra con las cerezas restantes y sirva!

## 98. Tonto de yogur y bayas mixtas

**INGREDIENTES:**
- 1 taza de bayas mixtas O bayas de su elección, más extra para cubrir
- 1/4 taza de azúcar en polvo
- 1 taza de crema espesa
- 1-2 cucharadas de azúcar en polvo
- 1 cucharadita de jugo de limón
- 1/2 taza de yogur griego

**INSTRUCCIONES:**
a) Coloque las bayas de su elección y 1/4 taza de azúcar en polvo en un recipiente resistente al calor, caliente 2 minutos en el microondas. Presione las bayas ligeramente con un tenedor o una cuchara, luego caliente unos minutos más hasta que espese. Hazlo con mucho cuidado mientras burbujea. Ponga a un lado para que se enfríe por completo.

b) En un recipiente aparte, bata la nata y 1 o 2 cucharadas de azúcar en polvo hasta que se formen picos suaves. Agregue jugo de limón y yogur, y vuelva a batir.

c) Vierta la mezcla de bayas enfriada y combine suavemente.

d) Vierta la mezcla en vasos para servir y enfríe en el refrigerador durante 1 hora. Cubra con bayas adicionales y sirva.

## 99. Tonto de plátano y nuez

**INGREDIENTES:**
1/4 taza de azúcar
1 cucharada de nata fresca
2 plátanos picados
100 crema batida de GM
2-4 cucharadas de nueces picadas
2 cucharadas de bolas de caramelo
Chispas de chocolate para decorar

**INSTRUCCIONES:**
Calentar sartén y poner azúcar para caramelizar y agregar nata y mezclar bien
Luego apaga el fuego y pon plátanos y mezcla bien
Luego agregue las nueces y las bolas de caramelo y mezcle bien.
Tome vasos de chupito y póngalos en la mezcla de plátano.
Cubra con crema batida
Decorar con chispas de chocolate y cerezas y servir.

## 100. Tonto de mora

**INGREDIENTES:**
- 150 gramos de moras, u otra fruta (+ 1,5 cucharadas de azúcar)
- 2 cucharaditas de jugo de limón
- 150 gramos de yogur colado
- 150 ml de nata para montar (+ 1 cucharada de azúcar)
- 1 pizca de extracto de vainilla

**INSTRUCCIONES:**

a) Enfríe bien la crema batida y el yogur en preparación. Reserva unas cuantas moras para la guarnición.

b) Cuele las bayas restantes a través de un colador fino con una cuchara para quitar las semillas. Agregue y mezcle la fruta colada y el jugo, una cucharada y media de azúcar y el jugo de limón.

c) Agregue el azúcar y el jugo de limón a las bayas y viértalo en un procesador de alimentos para convertirlas en puré. No es necesario colar esta mezcla.

d) Combine el yogur colado, 2 cucharadas de azúcar, extracto de vainilla y 1/3 a 1/2 de las bayas en puré según su preferencia.

e) En un recipiente aparte, bata la crema batida espesa y 1 cucharada de azúcar hasta que se formen picos suaves. Mézclalo con la mezcla de yogur de

f) Rocíe 1 cucharada de puré de frutas con una cuchara y dóblelo suavemente, luego sírvalo en un recipiente.

g) Decóralo con las bayas que reservaste antes y listo. Va bien con bizcochos duros o bizcochos de bizcocho.

h) Si no lo vas a comer de inmediato, enfríalo muy bien en el refrigerador y disfrútalo más tarde.

i) Cómo conservar muchas moras: Extiende las moras en una bandeja y mételas en el congelador. Una vez que estén congelados, transfiéralos a bolsas Ziploc. Se pueden conservar en el congelador durante mucho tiempo evitando que se peguen entre sí.

# CONCLUSIÓN

Trifle, parfait y tontos existen desde hace muchos años, pero parecen haber ganado popularidad en la última década. Montones de pastel, budín, natillas, mermelada y más abundan en estos postres en capas festivos, deliciosos y hermosos que puedes probar en casa. Disfrutar.

www.ingramcontent.com/pod-product-compliance
Lightning Source LLC
Chambersburg PA
CBHW070353120526
44590CB00014B/1123